為何離別了，卻願再相隨，

為何能共對，又平淡似水，

問如何下去，為何猜不對，

何謂愛，其實最愛只有誰？

——潘源良《最愛是誰》

同牀異夢

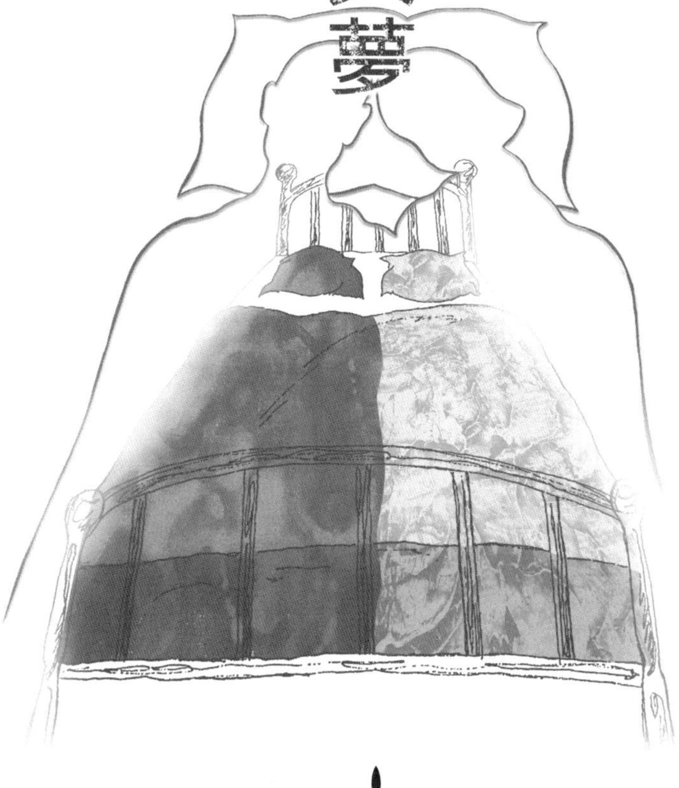

基道出版社

▼

真善美叢書 • 家庭系列

同牀異夢

婚外情的轉機

A Couple of Strange Bedfellows

A New Turn of Ex-Marital Affairs

作者

黃麗彰 Wong, Lai-cheung

責任編輯

伍美詩、羅慧琪

裝幀設計

伍愛清

■

出版／發行

基道出版社

香港沙田火炭坳背灣街26號富騰工業中心1011室

LOGOS PUBLISHERS

Unit 1011, Fo Tan Ind. Centre, 26 Au Pui Wan St., Shatin, Hong Kong

電話：(852) 2687-0331 傳真：(852) 2687-0281

網址：http://www.logos.com.hk

承印

海洋印務有限公司

●

10/1999初版 6/2002增修版

Cat. No. LP522-2

ISBN-10: 962-457-206-2

ISBN-13: 978-962-457-206-3

Printed in Hong Kong

刷次	10	9	8	7	6	5	4
年份	2016	2015	2014	2013	2012	2011	2010

自序

我很喜歡輔導工作，在輔導室內經常聽到一個一個有血有肉的動人故事；對很多人來說，婚外情是明顯的大是大非，然而當聽到這羣人的掙扎時，便感到在大是大非之內，還有很多很多淚水與痛苦的交纏。

情情愛愛充滿奧祕，有時我以為了解了箇中的玄妙，有時又好像甚麼都不懂，愈是想把問題弄個明白，愈像在黑夜裏航行；情愛既可以帶給人溫馨甜蜜，亦因著它，造成無數人一生的創傷與遺憾。

這次我嘗試把對婚外情點點滴滴的體會，有系統地書寫出來，是希望透過文字，讓這羣在當中掙扎的多情人、他們的配偶，甚至他們周遭的朋友，對婚外情有更深入的理解，除了道德範疇，還用關係互動、心理、人性需要的角度來了解它。我盼望透過多一個角度，讓人對當事人有多一份諒解。當我們認識到在發現配偶有婚外情後，當事人會有強烈的情緒反應和懷疑，便對這些行為少一份責怪；當我們明白到遇上婚外情的人，需要空間哀悼失去了的情人和處理內心的矛盾，我們便更能體諒他保持沈默的需要，而少了一份催逼和指責。

我相信人獲得體諒，會有更大的道德勇氣面對自己的軟弱和承認自己的過犯。我記得有一對夫婦，丈夫做了一件對太太傷害很大的事，在追究責任前，太太已寬恕了丈夫。她沒有追究、亦沒有指責，反而體諒丈夫內心的掙扎。丈夫原本以為太太必窮追猛打，就在他被寬恕的一刻，他放下叉在腰間的雙手，投向太太的懷中，承認自己的錯，兩夫婦抱頭痛哭了一場。

這些感人的場面，不是常常可以看到的。我們畢竟是凡人，有很多軟弱的地方，受傷害時想追究，失望時想發怒，傷心時想指責，內疚時想逃避，我們不斷在這些人性的軟弱中掙扎和打滾，但我深信，每一個痛苦的經歷，都蘊含它屬靈的意義。

書終於寫完了，我感到是我生命中的奇迹，我從來沒有想過把這些年來點點滴滴的經驗書寫出來，寫作的興趣和志向全賴我的摯友玉蓮多番鼓勵和提攜下培養出來，與她相遇亦是我生命中的奇迹，不經意地大家共事了七年，這七年是我個人和專業成長中難能可貴的階段。

我還要多謝前基道總編輯張小鳴弟兄的鼓勵，好友夢鳴、美詩和成名為我審閱稿件，提出寶貴意見供我參考。我更加感謝天上的父親，在我生命中不斷眷顧和保守，給我奇妙的恩典和慈愛。最後一提，書中有多個構思出來的個案，名字當然是杜撰的，內容則是透過不同的人的經歷編織和構想出來。雖然是構想的故事，但希望藉著它，帶領讀者進入這些有血有淚的掙扎中。

黃麗彰

九九年九月十六日

暴風雨的一天

目錄

第1章

情為何物

為何要結婚？

有人說過，現代人最大的悲劇是誤把婚姻和愛情聯結在一起。我們在婚姻中期待愛情，要求愛情，可惜這並非必然會發生的。當愛情的感覺在婚姻中淡化時，令人陷入失望、頹喪、悲哀的深淵。面對這個困局，現代人另一個極端的反應是完全不信任婚姻中有愛情，乾脆把婚姻和愛情清晰地分割開來，結果他們為了保存愛情而不結婚，恐怕婚姻是愛情的墳墓。曾經有一齣英國電影，劇中男主角深愛著女主角，但決定不與她結婚，他的理由是「他愛她」。這個反應，在在反映愛情與婚姻是分割的，甚至是敵對的，為了愛，寧願不結婚。在筆者的輔導工作裏，亦碰上很多期望擁有一個配偶和一個情人的受助者，配偶可以提供實際生活所需的東西，而情人便是談情說愛的對象。婚姻與愛情彷彿是孿生姊妹，但又似是水火般，格格不入。

究竟愛情與婚姻的關係是怎樣的？翻看歷史，才曉得在婚姻中講求愛情是相當近代的產物。素來婚姻並非愛情的歸宿，昔日男女結合，只是人生發展階段的任務，就如生老病死般自然。男大當婚，女大當嫁，結婚是為了生兒育女，傳宗接代。

子女是勞動力的來源，而家庭是提供經濟和生活保障的單位。對古代男女來說，結婚是一項責任，而非一種選擇。婚姻的社會功能性任務，遠遠超越個人的情感需要。

時移勢易，結婚已經從責任變成選擇。現代人不用再靠生兒育女來提供勞動力或生活保障，家庭的各種社會功能逐漸瓦解，個人的經濟保障由專業技能而來，子女教育由學校承擔，年長者交由老人院照顧，家庭還剩下甚麼功能？個人的結婚動機便由責任轉為尋求個人幸福，追求愛情；尋求知心愛侶便成為現代人主要的結婚動機。

究竟甚麼是愛情？對很多現代人來說，所謂愛情似乎是希望找到一個愛惜自己的人，解決心靈上的需要；例如存在的孤單與空虛感，釋放自己在原生家庭的創傷，盼望擁有自己下一代的渴求等等，個人需要是主要的考慮因素，結婚是希望找到一個人，為自己達成種種願望。這種為了滿足心靈需要而結婚的人，比比皆是。

然而有趣的是，愈是聲稱為了愛情而結合的婚姻，愈是潛藏更大危機，愈是產生更多婚姻問題，也愈有更高的離婚率。有一項曾經在十一個國家進行的調查研究[1]指出，一些人民以愛情為結婚動機的國家和地方（多是歐美的西方國家），離婚率最高，反之在一些發展中國家，人民還為衣食奔波，講求愛情是奢侈的，這樣的婚姻更形穩定。驟眼看來，要求愛情似乎是不穩定婚姻的最主要原因。

在芸芸蒼生中，我相信只有人才會有愛情的煩惱和痛苦，因為只有人才會感到存在的苦悶與不安。[2]我們意識到存在的孤單、生命的限制與無奈，面對著自己的脆弱與局限，存在的不安令人內心深處出現極大的渴求，驅使人們尋找靈性上的滿足。為了填滿這份渴求，我們期望與人產生情感聯繫，與人產生親密的感覺。失去了這些聯繫，沒有了親密的關係，就會使人陷入莫名的孤單，令人再一次赤裸裸地面對存在的痛苦與不安。我認識一位女士，她形容這種孤單有如一個沒有底的空洞，既深，又黑，她很害怕接觸它。每當她碰到這種感覺，她便會想盡一切辦法逃避。其他人也會有這種感覺，不過大部分人不會像這位女士去接觸這個黑洞，而是用盡別的方法面對它，有些人埋首工作，有人遊戲人間，有人麻醉自己，有人嘲弄人生；辦法用盡了，是否湊效？在夜闌人靜的時候，內心的渴求又再湧現，無論有多少成就，銀行有多少存款，始終希望找到一個愛惜自己的人，根治這份令人難耐的孤單。

或許這份孤單是與生俱來的，是一種人類存在的狀態，它驅使人尋找親密的關係、情感的依附，由鮑爾比（Bowlby）所作的心理學研究[3]，發覺人類早在嬰孩階段，已經需要情感的依附與聯繫。嬰孩需要一個穩定而安全的情感依附對象，而這種需要，一直延展至成年與老年。我們需要愛的對象，從而產生情感的依附。

失去了情感依附的對象，令人陷入莫名的孤單感中。韋斯（Weiss）把人的孤單分為社交孤單（social loneliness）和情感孤單（emotional loneliness）兩種，前者只需要透過活動，透過普通的人際關係接觸便可以消除，而後者則必須透過投入的關係才能解決。在投入的關係裏，令人產生與人聯繫的感覺，使人脫離孤單的狀態。[4]

香港人生活忙碌，每日每天都充斥著大大小小的活動和事情，但內心始終是空虛的。無論有多少朋友與自己談天說地，無論有多少應酬，若非與人產生情感的聯繫，情感的孤單是依然存在的。於是尋尋覓覓，以為找到了知心愛侶，便可解決一切。非但如此，現代生活經常把公共空間與私人空間分割。公共空間是處理公事的場所，人際關係流於事務性，甚至虛假，於是在公共空間未能得到的關係滿足感，大部分需要便轉投在私人空間內，於是婚姻還要承托在公共空間裏未能滿足的需要。在公共空間裏，我們經常要提防別人，保護自己，我們惟有把心事向枕邊人傾訴；當婚姻成為滿足一切親密關係的泉源，它便要承托很大的壓力。[5]誰知婚姻並非想像般簡單，不是彼此遷就一下就可以幸福快樂，有時愈是投入，愈是帶著高的期望進入婚姻，婚姻的憧憬便更容易打破。有人以為當初找到了愛護自己的人而結婚，豈料失望和痛心經常發生，配偶非但回應不了你的期望，反而是向你索取的人。更甚者，是自己在配偶心目中的印象愈來愈差，當初以為自己在他心目中是很重要的，是他的白馬王子、白雪公主，但結婚日子愈久，誤解愈多，他對你的評價就愈差。至於分享心事，配偶對自己的耐性和興趣似乎慢慢褪卻，甚至每事與你辯論，有時找一個久未謀面的朋友講心事，還可以得到一些支持，想不到身邊的愛侶在你痛苦中還給你更多痛苦。當初結婚時的美麗憧憬一一被打破，內心充滿無限失望與沮喪。

我們一向以為在婚姻中尋找愛情是孤寂心靈的出路。當我們不再愁衣食，不再介意有沒有子女時，心靈的需要便十分重要。這種需要不能透過密密麻麻的活動，不能透過銀行的積蓄，不能透過名成利就來解決；短暫的麻醉或許令我們以為心靈的渴求已消失，當事情平靜下來時，我們始終離不開這與生俱來的屬靈需要。

這份屬靈需要，繫於我們內心深處的自我價值感。輔導大師沙提亞（Satir）對人內在心靈的渴求有深刻的洞見。她體會每個人內心都有一座冰山，核心是一個人的自我價值，不論是感受、理解或是渴求，

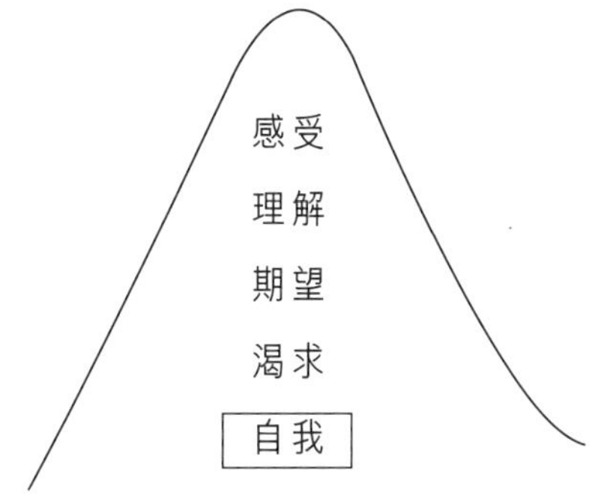

最終都牽涉自我的價值。當人不斷地追求滿足內心的渴求，其實是反映出低的自我價值；換言之，對自己價值低的人來說，追求愛情，亦是為了提升或肯定內心脆弱的自我。[6]

當人失去了上帝，失去了生命的終極意義，只把焦點放在個人的需要上，便會按捺不住這種渴求的煎熬，對愛情關係的追求就更加厲害了。以為透過一段投入的關係，一段親暱的愛情便可以解決這份屬靈的欠缺。於是大夥兒在尋覓，大夥兒在憧憬著愛情，但每個都是乾涸的心靈，懷抱著相同的幻象。起初相遇時擦出火花、互相吸引，以為尋到了；結婚後，才知道雙方都是失落的靈魂，悲劇便展開了。

神話打破後的悲劇

當兩個都是為了渴求愛的人走在一起，有如兩塊乾涸的海棉，同時要向對方支取水分，大家都在爭持。這種爭持，在在反映現代人所說的愛都是以「自我」為中心，所謂「我愛你，其實是我希望擁有你，請你達致我的願望吧。當得不到你的關懷，我便憤怒、失望甚至憎恨你。你做不到我的要求，我便不能接納你」。愛情裏失去了同情與體諒，在過程中人被物化了。

秀娟起初覺得自己很愛丈夫，因為丈夫是個老實人，又懂得謙讓，自小長於破碎家庭。面對一個忠實和謙讓的丈夫，秀

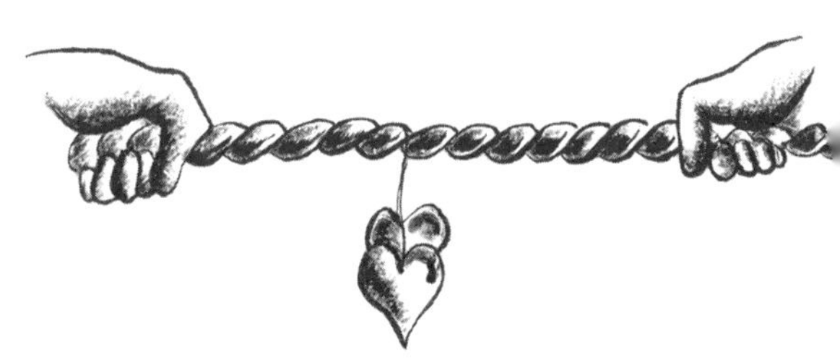

娟覺得幸福無比。然而秀娟有一個難解的心結，就是自小因為貧窮而遭白眼，她期望丈夫努力工作，發展事業，使她可以吐氣揚眉。可惜丈夫始終做不到。秀娟很失望，甚至憤怒。她憑自己的努力，在工作上扶搖直上，由小小的文員擢升為部門主管，為何丈夫不可以效法她？一定是他怠惰，一定是他沒有上進心。秀娟實在太失望了，她的失望令她無法產生對丈夫的同情，丈夫是一個不懂得與人競爭的人，原本秀娟欣賞他忠實，今天便指責他愚蠢。丈夫也不遑多讓，指責秀娟是個操控別人的女人。

我認識很多夫婦，經常對我說：「我只是期望他在我痛苦時給我安慰，他非但不支持我，還在我痛苦時教訓我，他是否愛我？」當我了解身邊那位丈夫／妻子的心聲時，他們都會為自己辯護說，他們也曾努力給予支持，但總是做不到；對方感到失望便責怪，最後惟有保護自己，也指責對方的不是。雙方便陷入互相指責的循環中。

在我們要求、期望配偶的時候，我們是否「看」到他／她？看到他／她的軟弱、看到他／她的限制？他／她做不到我的要求，是他／她有心無力吧！他／她不是故意的，可能是成長經驗的限制吧，又可能是氣質使然。雖然做不到令我失望，我也不會用責怪的情緒面對他／她。這種態度，包含了深度的體諒與同情，是一份對人的尊重。

可惜現代人在親密關係裏把人物化了，失去了對人的同情與體諒，更失去了對人的尊重。不是用了解的角度去明白對方的氣質，而是用期望的眼光審視對方的能力；他有甚麼能滿足自己的需要，有甚麼做不到，若是做不到，便千方百計地去改造他，以期達到改變對方的目的。

在輔導室裏，經常遇見求助者請教我們怎樣改變他們的配偶，無論是透過改變自己的溝通方法，又或是明白對方的運作模式，目的是改變對方，盼望他達致自己的願望。盼望背後失去了體諒和尊重，這種把人物化的傾向，造成不少關係上的悲劇。

在人的成長歷程中，情感能力會漸趨成熟，會經過一段獨立化（Individuation）的階段，意即是童年的我，理解世界從自我出發，希望一切由「我」控制。若趨向成熟，就會學懂別人也是獨立的個體，不可由「我」操控，而是以尊重的態度相待。

親密關係往往是培養個人獨立的場所。因為在親密關係裏，令人領悟世界上竟有與自己如此不同的人，一個與自己不同、不受自我操控的人，這種體驗，開始讓我們跳出「自我」的框框，了解周遭，從了解、從尊重認識別人，由此漸趨成熟，慢慢走向更獨立自主。

未能獨立自主自重自愛的人，為了滿足情感上的依附需要，便把其他人都物化了，一個不懂得尊重和了解別人的人，便會把他人視為達到自己願望的工具，欠缺愛人的能力。關係遂成為互相爭奪需要的場所，而非在愛中達致成長與昇華。

我很認同沙提亞的講法，一個自我價值強的人才能真正尊重別人，而一個自我價值弱的人，會用各式各樣的手段操控別人，以期鞏固自己的自尊和肯定自我的價值。

她分別把自我價值強和弱的特點描述如下：

自我價值弱	自我價值強
我期望被愛	我感到被自己和他人所愛
應付事物模式：表裏不一致	表裏一致
為討好別人做事	做合宜的事
我令人感到內疚（指責）	我尊重人與人的異同
我從現實抽離（超理性）	我中有你、你中有我
我否定現實	我接納目前的處境
固執	感到有能力和被肯定
帶審判的態度	有信心
反應過敏	有回應的能力
死硬地跟從規矩	意識到自己的選擇和責任
由外在因素決定自己的價值	接納自己和別人
防衛性、經常感到要保護自己	信任別人和忠實
抑壓感覺	接納感覺、人性的一面
需要熟識的處境	敢於接受新事物和新挑戰
停留在過去、保持現狀	活於此時此刻、願意改變[7]

透過轉化，提高自我價值，人可以活得更豐盛；當內心充滿資源，便可以愛得更豐富。

可惜現代人內心失去了被愛的確信，對自我的能力充滿信心，對自我價值卻充滿懷疑，惟有希望透過關係，吸取對方的資源來為薄弱的自我打強心針。得不到時，便用盡一切辦法去操控、去支取。有的雖然表面上放棄操控和支取，但是內心是絕望的，同樣地亦失去了自我價值的確信。

沒有強的自我價值，便會失去尊重和體諒人的能力，有些人用操控來繼續索取，有些人則另覓對象，希望透過再一次的尋覓，找到可以提升自我價值的人選。兩種做法都是把人物化了，處於一個人與人間物化的過程，誰人能獲得真正的被愛和被接納？愛情裏失去了上帝，有如兩個失去接駁水源的水喉，大家都期待水源，但始終都沒有水。

婚姻中的情愛

我可以在婚姻中有甚麼期望？

曾經有位太太問我，若然她對丈夫沒有期望，結婚又是為了甚麼？明顯地，這位太太帶著一連串的期望進入婚姻，經過十多年來的努力，逼使丈夫上課、逼他看書、自己學習溝通技巧，豈料完全達不到自己期望他的目的，丈夫依然故我。更糟的是，他還有倒退的迹象，起初她尋求輔導時說是希望了解丈夫，後來才發覺她希望透過了解他的運作，尋找適當的技巧來改變他，最終希望他成為自己理想中的丈夫。

丈夫沒有改變，太太陷入失望的深淵，初時是憤怒，不斷

投訴與哭號，丈夫依然無動於衷。後來她開始絕望，讓自己陷入抑鬱的狀態，因為現實告訴她沒有改變的可能，心裏放不下期望，同時又接受不了現實。

就筆者經驗所得，面對失望的情況，人通常有幾種可能的反應：

1. **永不放棄地追求：**只要有一絲希望，或許只是自己的願望，都千方百計地操控周遭一切的人和事來達到自己的目的。
2. **由憤怒產生絕望和頹喪：**不能接受不可以改變的現實，內心充滿憤怒，可能是不滿對方，又可能是不滿自己，一時會激動地發脾氣，一時又會陷入不能自拔的抑鬱和自責的深淵。情緒波動甚大。
3. **由悲哀所產生的疏離感**[8]**：**悲哀是一種告別的情緒，有時人需要悲哀，才能夠釋放內心執著的願望；我們需要為不能得到的東西而悲哀，放下了執著，才會產生新的希望，但若然關係是一切盼望的所在，失去了對關係的盼望，便等同失去了一切盼望，就會陷入疏離的狀態，失去了與人聯繫的能力，也失去了生命的動力。
4. **另尋新的目標：**由於關係帶有工具性的目的，既然千方百計都得不到所盼望的東西，惟有另覓新對象，發展新的關係。

婚姻中的各種形態

我們畢竟是凡人，內心充滿種種欠缺，對婚姻和配偶產生期望是自然而然的事。當雙方都帶著期望進入婚姻，卻得不到滿足，情緒便大受困擾。人在情緒困擾下，對配偶的認識很容易出現偏差，由偏差的理解，發展了不同類型的關係形態：

1.戰鬥型的夫婦

夫婦各自充滿怒氣和失望，雖然對方多番令自己失望，但內心的期望還未熄滅，希望透過極力的爭取，可以滿足一點點的期望。夫婦在爭取的過程中，難免把責任推在對方身上，雙方都認為對方要負上改變的責任，於是出現了互相指責和埋怨的情緒。這類夫婦經常處於戰鬥狀態中。

2.冷戰型夫婦

與戰鬥型夫婦剛剛相反，冷戰型夫婦把矛盾和衝突都收藏起來，但並不表示和諧。雙方內心都是充滿失望和埋怨，只不過覺得講出來都沒有用，把怨懟藏在心中；雖然不講出來，但內心覺得是對方錯，責任要由對方負上。這種表面平靜的關係，內裏充滿憤怒和怨懟。

3.你追我避型夫婦

一個把一切失望都表達出來，用行動、用言語期求對方的諒解；一個則逃避，由於承受不了對方的期望，便把自己收藏起來，例如看電視、看報紙、甚麼都愛理不理。追求的一方則暴跳如雷，覺得自己盡了這麼大的努力，對方都只是逃避，最後把失望化成嘮嘮叨叨的投訴，而另一個便用沈默表達無聲的抗議。

另一些追逐型的夫婦，一方經常表達期望，配偶為了保持和諧，便用遷就，甚至啞忍的方法維持關係，需要獲得滿足的一方以為很幸福，怎料強忍的一方突然宣告多年來的恨怨，甚至已到心死的地步，決定離開婚姻。

4.各自尋歡型夫婦

雙方都充滿失望，雙方都不願向對方索取，雙方都認為是對方的責任，結果大家各自用自己的方法來滿足自己的期望。妻子把精神時間放在孩子身上，丈夫把注意力放在事業上，大家各自尋找方法滿足內心的空虛。惟一連結這對夫婦的，可能是只有夫婦的名義和子女的責任，其實大家都對對方充滿失望，只不過覺得索取也沒有用，惟有另覓他途。

5.病態型夫婦

有很多夫婦求助，是因為一方病了。例如太太患上抑鬱，丈夫酗酒。出現病態與否，雖然關乎個人意志力的問題，但很多時候，這些問題是在關係出現問題後發生的，關係弄不好，個人情緒欠佳，抑鬱和酗酒是情緒受到困擾的結果。受困的情緒得不到疏解，便發展了身心病，表面看似是個人的問題，關係卻起了十分重要的影響。

以上各種形態，若長久地持續下去，得不到疏解，再加上個人意志力及道德薄弱，在時機配合下，婚外情便有發展的空間。在第二章中，我將詳細介紹各種婚外情的理論。雖然有些婚外情與關係問題無關，例如傳統大男人主義的人，視三妻四妾為閒事，即使夫妻關係良好，也會發生婚外情。本書的重點，是特別針對一些關係出現問題的夫婦，婚外情如何在他們的關係中出現。

兩種愛

上文不斷強調由期望至失望所產生的反應和在關係上的表徵，所謂愛是從自我的缺乏出發，期望在關係上獲得醫治和補償。這種愛稱之為「缺乏的愛」，主要是以自我為中心，從關係上獲取自己所欠缺的東西。另一種愛是「傾流的愛」[9]，著眼點不在自己所欠缺的地方，而是關懷對方的成長，成就對方成為更豐富的人。能夠付出這種愛的人，內心充滿資源，有高的自我價值和確信生命的愛。

「缺乏的愛」是充滿焦慮的，人內心不平安，透過操控別人達成某種目的，希望改變對方來緩和內心不安的情緒；「傾流的愛」充滿能力，重於給予而非接受，是豐盛生命的表達，對對方有一份尊重。一個人能夠傾流地愛，是表示他已經在關係中超越了接受、剝奪與囤積的階段。[10]換言之，是跨越了自我需要的框框，不只是吸收，而是灌輸。

當知道這兩種愛的分別，或許你會問有誰能付出「傾流的愛」。除了耶穌基督外，有誰能只重給予而非接受？不錯，我們只是凡人，對關係帶著期望是必然的事，首先我們需要接受自己帶有「缺乏的愛」，然而發展「傾流的愛」的情操，是一項意志和決心的成長歷程。愛是需要學習的，愛的能力是透過成長和培養訓練出來，除了學懂溝通的技巧，學懂表達自己的能力外，更需要培養一種「傾流的愛」的情操，這是一種生命的態度和性格發展的方向。

要培養愛的情操，我們可以先了解情感聯繫（Attachment）的發展。所有愛的感覺，都包含情感聯繫。如上文所述，人天生下來便需要與一個穩定和安全的人建立聯繫，這段關係的發展十分重要，若是得到足夠的安全感，嬰孩就可以建立正面的自我形象，長大後與人可以發展信任和健康的親密關係。他們可以信任別人，內心充滿安全感，碰上配偶令自己失望，也容易產生體諒的情緒。另一種情況則是嬰孩經常得不到足夠的安全感，這些孩子長大後會發展出逃避親密關係的傾向，或是對親密關係充滿矛盾，既想親近但又拒絕。[11]逃避親密關係的人並不是不需要與人聯繫，只是內心感到哀傷和絕望。他們對人缺乏信任，不輕易在配偶面前展示自己的脆弱。對親密關係矛盾的人，內心對關係充滿渴求，但得著時又會拒絕，恐怕接受了會失去，有時令身邊的人無所適從。

無論自己在嬰孩階段建立了何種親密形態，我們要先了解自己，聆聽自己內心的聲音，協助自己提升自我價值，建立安全感。惟有內心平安，對生命有確信的人，才可以發展「傾流的愛」的情操。

我們一方面要了解自己的親密關係形態，另方面要學習獨處的能力。有了關係仍會覺得孤單，不可能不斷透過關係來解除孤單的痛苦；要培養愛的能力，就要有獨處的能力，一個人能單獨面對自己，才能夠面對所愛的人。在獨處中學習善待自己、愛護自己、尊重自己的生命，體諒生命中的限制，惟有這樣，我們才可以善待我們所愛的人，愛護他、尊重他的生命、體諒他的限制。

由「缺乏的愛」發展至「傾流的愛」，是一個成長的歷程，是不斷的磨練，充滿了淚水，有時候看見自己醜惡的面孔也難於接受。然而這是一種人格的培養，在過程中雖有痛苦與頹喪，但盼望藉著上帝的愛與恩典，我們不斷提升自己，與祂更加接近，培養愛人的能力。

一生一世的矛盾

由缺乏的愛發展至傾流的愛，是一生一世的歷程，但要進入這個歷程，豈非要無比的勇氣嗎？我有沒有這份勇氣與承擔？即使我有，我所揀選的對象有嗎？究竟我能否終身不渝地委身給一個對象？若然今天我選擇錯了，恐怕已無回轉的機會，到時怎辦？當我主持多個婚前講座時，很多年輕男女都由衷地發出以上種種疑慮與問題。我們今天遇到的矛盾，是既希望擁有深入的情感關係，但又怕進入深入關係後所要面對的掙扎和痛苦；有些人在半途中已經選擇離開。

的確，要進入一段委身的關係委實需要無比的勇氣，我們期望得到一個無條件接納我們的愛人，但又恐怕自己選錯對象；若真的選錯了，有沒有再選擇的機會？

現代人體會到一生一世的困難，誰人在結婚時會想過離婚，或婚外情？豈料真的發生在自己身上，於是一生一世的神話便遭打破了。

我們對一生一世充滿顧慮。當我們有選擇配偶的機會時，同時便承擔起抉擇的重任，我們有能力承擔嗎？從來沒有人教導我們怎樣去選擇，好了，就憑一時的感覺，盲目地投進婚姻。豈料相處時間愈長，愈發覺對方不適合自己，已經再沒有回轉的可能，無論自己費盡多少努力，都改變不了對方，最後萌起離開或另覓佳偶的念頭。

究竟在茫茫人海中，誰可相依？誰人真正是可以一生一世的伴侶？要問這個問題，首先要問自己有沒有一生一世的承擔。佛洛姆說得很好，他認為成熟的愛是一種意志、決心、判斷和允諾的表現。在未問誰是可以一生一世的伴侶前，我們要先問自己有沒有這份意志和承擔。這份意志承擔涉及我們把人的價值放在哪裏，若然婚姻對他來說只是個滿足個人需要的途徑，得不到所要的東西便會產生怨恨，那麼另覓愛侶也只是理所當然的選擇。惟有那些以尊重他人生命為信念的人才願意承擔一生一世的承諾。

如上文所說，要發展尊重他人生命的情操，便要建立強的自我價值，透過恩典，人朝向尊重和珍惜生命的方向成長，一生一世除了是道德價值外，還要在生命裏身體力行地鞏固它。

筆者遇見很多受婚外情困擾的人，通常都會被罪疚煎熬。他們有時覺得婚姻已經走到絕路，遇上一個更合自己心意的人，為何不給自己一個新的機會？為甚麼拘泥於一生一世的承諾？他們心裏有很多理由支持自己的做法，例如覺得是對方造成今日的惡果，當初結婚時未夠成熟，自己不了解自己的需要等，不論是甚麼理由，這種以衡量成本效益、從交換條件的角度來決定婚姻的取向，與一生一世的價值是相違背的。若從條件交換（Exchange Theory）的角度看，只著眼某一段關係的利弊、得失，是沒有必要一生一世，因為隨著環境年齡的改變，人的需要也隨之改變，配偶未必可以滿足了一切。故此一生一世的承諾，是超越條件交換的角度，是跳出得失的框框，只從尊重人的價值著眼，無論對方是否滿足到自己的需要，出於尊重對方的生命，持守一生一世的承諾。

婚外情確實是一種試探，考驗我們的價值觀、做人的情操等。我深深體會到在婚姻裏感到絕望時，又遇上了解自己的第三者，情感上的張力令人衝破道德的界線。由下一章開始，我們將探討婚外情的情感張力，及在婚姻中所產生的震撼。

註釋

1 Levine R., Sato S., Hashimoto T., & Verma J., "Love and Marriage in Eleven Cultures," *Journal of Cross-Cultural Psychology*, vol.26, No.5, 1995, pp.554~571.

2 參Erich Fromm, *Man For Himself*,（U.S.A.: Fawcett Premier Books, 1965）。

3 參 Bowlby J., *Attachment and Loss Vol. 3 — Loss: Sadness and Depression*,（Middlesex: Penguine Books, 1991）。

4 參Weiss, R.S., "The Provisions of Social Relationships", in Z.Rubin（ed.）, *Doing unto others*,（New York: Prentice Hall, 1975）。

5 參 Storkey, E., *The Search for Intimacy*,（London: Hodder & Stoughton, 1995）。

6 參 Satir, V., Banmen, J., Gerber, J. and Gomori M., *The Satir Model-Family Therapy and Beyond*,（ Palo Alto: Science & Behaviour Books, 1991）。

7 同上，頁 28。

8 Guerin, P.J., Fag, L.F., Burden, S.L. & Kautto, J.G., *The Evaluation and Treatment of Marital Conflict*,(U.S.A: Basic Books, 1987), p. 134.

9 「傾流的愛」一詞英文原文是 'gift love'，於霍玉蓮〈動感的愛〉一文中譯作「傾流的愛」。霍玉蓮：〈動感的愛〉，《突破雜誌》，第 279 期，98 年 1 月。

10 Erich Fromm, *The Art of Loving*, (U.K.: George Allen & Unwin, 1957), p.34.

11 參Ainsworth, M., Beehar, M.C., Waters, E & Walls S., *Patterns of Attachment*, (Hillsdale, N.J.: Lawrence Eribaum Associates, 1978)。

參考書籍

1. Banmen J., Gerber J., Gomori M., *The Virginia Satir Growth Model: A Study Guide — On Becoming More Fully Human*, (C.A.: California Family Study Centre, 1991)。

第2章

打開婚外情的謎

誰的錯

婚外情的各種理論

錯綜複雜的三角關係

誰的錯

敏琳一向以為她和丈夫的關係挺不錯，結婚快十五年了，雖然關係已不復當初的浪漫和甜蜜，但丈夫是個負責任的人，也是個好爸爸，看見兩個孩子長得靈巧精乖，心裏非常滿足，別人也羨慕她有一個幸福的家庭。若不是無意發現兩張戲票，她可能一直相信丈夫是個忠誠的人。就是那天，在丈夫的西裝口袋裏，發現兩張愛情片的票尾，心裏頓感懷疑，再看日子，那天丈夫不是說公司要開會，不能回來吃晚飯嗎？兩張戲票，加上丈夫的謊言，身體突然間有一種像電流通過的感覺，懷疑的思緒開始湧現。漸漸回想起丈夫近來的轉變，他的心情好像開朗了，而且十分著意自己的裝扮；他說近來工作很忙，所以經常夜歸，似乎一切都告訴她，婚姻已經亮起紅燈。

百般思緒在心頭，好不容易才等了丈夫回來，質問下，丈夫毫無保留地把他和公司女祕書的戀情向敏琳說出，但他強調他還想保存這個家。

一時間，敏琳覺得世界已經到了盡頭，她完全不能接納丈夫的婚外情。她一向信任他，但回想起這半年來丈夫的謊話，背著她在外邊與另一個女人談情說愛，而自己則鞠躬盡瘁地為這個家出力，她像瘋了般狂哭、叫嚷。丈夫雖然承認自己的錯，但字裏行間亦暗示敏琳要負的責任。丈夫埋怨敏琳把一切時間都放在孩子身上，放假又經常回外家，他感到很孤單，工作上的沮喪又無人分享，想不到自己會陷入婚外情的困擾裏。

敏琳要丈夫立即離開那個女子，否則她要跟他離婚；她向丈夫爭取更多時間，希望讓他漸漸淡忘這段關係。雖然口口聲聲答允離開那個女子，但他內心很明白自己的感情，對 Susan 已發生了愛情，不是容易把她忘記的。

往後的日子，充滿種種糾纏。丈夫遲遲不能離開 Susan，敏琳相信他仍背著她與 Susan 幽會。她不再信任丈夫，經常打電話到公司追查他的行蹤，而且不會放過所有衣服、錢包、手提電話所留下的痕迹。丈夫心裏覺得非常厭煩，在太太窮追猛打的情況下，原本有的內疚感也消失了，反而覺得太太也要負上責任，若不是她在他最需要支持的時候還只顧外家，他不用找 Susan 傾訴了；想深一層，太太要負的責任還要多。

在敏琳催逼下，丈夫愈加需要 Susan，雖然一切親戚朋友都認定是他的錯，但他還堅持自己的做法，心想幸好 Susan 是最了解他、支持他的人；相對地，太太的弱點和醜惡更表露無遺。他無法忘記太太當天到辦公室搗亂的情景，令他在同事面前丟臉。若太太真的愛他，就不會不顧後果地破壞他的名聲。當初還希望為了兩個孩子而保存這個家，但他開始懷疑有沒有這個必要，其實他是更愛 Susan 的。

敏琳用盡她的方法，向周遭的人求助，所有人都站在她的一方。敏琳沒有犯錯，結婚後相夫教子，把整個家打理得井井有條，丈夫竟在他事業稍有成績時，拋棄糟糠，是典型的現代「陳世美」，怎能教人原諒？為了提醒他，免得他一錯再錯，大家都苦口婆心，以仁義、以道德規勸他。然而這樣做，非但不能令他回心轉意，反而使他的心更硬，還遠離這羣「好心人」。每次有人打電話給他，他就推卻說「夫妻間的問題相當複雜，非為外人道，多謝你們的關心」，便掛斷電話。

丈夫似乎開始孤立自己，甚麼勸導、提點都起不了作用。敏琳內心的焦慮每日增添，終日茶飯不思，在短短幾個月內，消瘦了十多磅，伊人憔悴，也不能打動丈夫的心，想不到他的心是這般狠。

對於丈夫來說，家已經變成人間煉獄，太太終日哭哭啼啼，每時每刻都逼自己。有時看見太太的眼神，充滿憤恨，令他不寒而慄，想不到在他看來是善良的太太，也有這個充滿仇恨的面孔。他不想再回到太太的身邊，事情弄到如斯地步，若他想重修這段感情，又談何容易？況且他亦要對Susan負責，他們的同事、Susan的家人都知道這件事，人家是正當人家的女孩子，為了他已丟盡一切顏臉，更破壞了她和家人的關係。若他離棄她，又怎樣面對良心的責備？

Susan是感到最無辜的一個，她從來沒有想過破壞別人的家庭，只是看見上司愁眉不展的時刻，給予一點問候與關懷。豈料他採取積極追求攻勢，她終於按捺不住自己的感情，與他發展了關係。她自問真心付出愛情，為了愛，她願意付上代價，在人人都排擠他們、責難他們的時候，她願與自己心愛的人做一對苦命鴛鴦。

在錯綜複雜的婚外情關係裏，每個當事人都有他們的故事，雖然婚外情有其道德及對錯的一面，但單用這角度來解決問題，情況有時會愈弄愈糟。

或許我們心裏很疑惑，為甚麼人會明知錯而故犯，而且會愈犯愈錯？究竟是他們還未醒覺，還是提點也沒有用？很多時候，用道德勸導他們，反令他們反感、逃避，究竟是甚麼東西可以令人衝破道德的屏障，抵禦周遭的人的壓力，不顧一切陷入婚外情的轇轕中？感情是一回甚麼樣的東西，可以令一個一向忠誠的人背棄自己的妻子、破壞自己的家庭？這又應否完全歸咎某方？一切一切的疑問，真希望能找個明白。

婚外情的各種理論

台灣學者簡春安教授於一九九七年在香港一個學術研討會上[1]指出，婚外情的原因包括：

(1) 溝通問題

(2) 婚姻維護能力不高

(3) 角色協調不當

(4) 情緒成熟度不高

(5) 觀念與認知衝突

(6) 問題處理技巧不良

(7) 夫妻之間的推吸失調

簡博士的焦點似乎放在夫婦二人的關係上，由於婚姻關係出現了危機，故此婚外情便有機可乘。然而是否每一段婚外情都因為婚姻關係出現裂痕才發生？另一種理解婚外情的角度，是了解各類型的婚外情，[2]主要包括：

1.吸引注意型（Attention-Seeking Affair）：

婚姻亮起了紅燈，其中一方透過婚外情發出警號引起對方的注意。Peter便是箇中的典型例子，他從來沒有想過離開太太，只不過太太過分集中精神發展自己的事業，把他忽略。他在苦悶中，發展了一段霧水情緣。太太驚覺地發現了這段關係，立即留意丈夫的需要。這類婚外情若得到適當的輔導，婚姻復合的機會甚高。

2. **避免衝突型（Conflict Avoiding Affair）：**

夫婦出現了不可和解的分歧，透過婚外情逃避面對婚姻中的問題。為了保持關係上的表面和諧，避免正面衝突，其中一方透過第三者來舒緩關係所帶來的不安。

3. **避免親密型（Intimacy Avoiding Affair）：**

婚外情可以是夫婦避免展露脆弱的保護網。在人生的發展階段中，有些時候夫婦心靈特別感到脆弱（尤其是中年），要在親密關係中展露這方面的脆弱是很困難的，於是便透過第三者，保持與配偶在婚姻關係中的距離。

4. **空洞婚姻型（Empty Marriage Affair）：**

夫婦感到在婚姻中缺乏情感聯繫，內心非常孤單，婚外情是填補這種孤單的方法。偉忠年介中年，事業有成，可惜與太太的關係已經到了一個無話可說的地步，人家看自己與太太是模範夫婦，若離婚又怎能面對羣眾的壓力？惟有透過與Anna的分享，疏解心中的鬱悶。

5. **滿足需要型（Need Validating Affair）：**

有些時候，不是婚姻出現問題，而是其中一方不斷需要透過關係來獲取自我肯定，婚外情是為了滿足心靈的需要。這些情況，特別容易發生在年紀較大的人士身上。面對年華逝去，內心感到落寞、空虛，甚至陷入自我懷疑的困惑中，透過婚外情覺得自己還有吸引力，從而證實自己的價值。

6. **自我膨脹型（Self Expansive Affair）：**
某些丈夫存有傳統的男性主導觀念，認為男人三妻四妾只是風流，多一個老婆不是犯了甚麼道德上的問題，故此多在內地包二奶，一夜情是男人的專利。

7. **生活處境型（Situation Affair）：**現代人花了很長時間在工作上，面對同事的時間遠遠多於與家人相處，再加上同事更了解我們在工作上的困難，彼此容易產生共鳴，婚外情便在這些情境下發生。

8. **「真命天子」型：**筆者偶然在輔導室裏，會遇見一些自認為浪漫愛情追求者的人。他們不是覺得配偶有甚麼不好，而是結婚後才碰上「真正」的情人，他們亦「相信」一生一世的愛情，然而目前的配偶不是那個可以一生一世的人，惟有後來碰上的，才是「真命天子」。

這種分類方法，能幫助我們了解婚外情帶來的信號，把婚外情的問題更清晰地定位。

在西方也有很多理論解釋婚外情的，古德納教授（Professor C. Guldner）在一次研討會上，羅列了十二個理論：

（1）缺失理論（Deficit Theory）

(2) 鬼使神差理論（Drift Theory）

(3) 瓜熟蒂落理論（Psychologically Ripe Theory）

(4) 親疏調節理論（Distance-Closeness Regulation Theory）

(5) 生物進化論（Biological/Evolutionary Theory）

(6) 拉拉扯扯理論（Push-Pull Theory）

(7) 劇本理論（Script Theory）

(8) 客體關係理論（Object-Relation Theory）

(9)「忠誠」理論（Loyalty Theory）

(10) 個人成長理論（Personal Growth Theory）

(11) 強逼性性行為理論（Sexual Compulsive/Addictive Theory）

(12) 花花公子理論（Philanderer Theory）[3]

以上各種理論，在在闡釋了婚外情的多面性，除了道德的層次外，婚外情還包含了心理、人性，以及屬靈需要等等的角度。

錯綜複雜的三角關係

為甚麼婚外情會出現？它帶來的沈重傷害實在難以估計，有人為它摧毀自己的生命，有人為它前途盡喪，一向忠誠的人可以為它放棄自己的家庭，究竟甚麼原因導致婚外情的出現？

事實上，很難為錯綜複雜的人際關係找出一個原因、或者多個原因，因為人是抉擇的主體，不同的人面對相同的誘發因素都有不同的抉擇和反應，繼而影響周遭的人和事，再發展出不同的後果。故此用簡單的因果角度來了解婚外情，很容易簡化了問題的複雜性，本文只可以提供數個不同的角度，去了解婚外情發生的情境（context）。

首先是人內心深處的渴求。人不能遠離關係而生存，根據家庭治療大師鮑恩（Bowen）的理論[4]，每個人心底都有兩種動力，一種是與人產生聯繫的動力，另一種是與人保持距離的動力。人既需要與人親近，但亦需要個人空間，只有親近而缺乏空間的情況，會令人窒息，失去自我；相反地，只有空間而缺乏親密關係的人，內心會出現令人難以抵禦的空虛和孤獨，甚至變成抑鬱。在關係中，我們經常就親疏距離作出調節。

有些婚外情的出現，是這種調節過程出現了亂子，有的是心靈感到無限空虛，需要找別人傾訴，而有的則透過第三者，讓自己在別的關係中舒一口氣。美玲結婚已經十年了，每日都為孩子和工作忙個不停，壓力很大，曾經多次欲找人傾訴，但朋友個個都是有家室的人，誰會有時間聽自己不知所以然的內心苦悶。她一直都盼望丈夫能給自己多點時間，可惜他只顧工作、升職；她心底亦認同丈夫追求事業的上進心，但奈何心靈空虛無比，有誰明白她的心？她一直都把鬱結藏在心底，漸漸失去對周圍事物的興趣，很容易便以淚洗面。丈夫也曾嘗試給予支持，可惜在他心中都仍以事業為重，美玲覺得自己反成為他的負擔，內心還加添了一份罪疚感。直到有一天她與同事偉文一個眼神的接觸，美玲發覺自己似乎對他產生了感情，但她不容許自己有非分之想。終於這一天來了，偉文寫了一封很感人的信給她，因為他察覺美玲日漸憔悴的樣子，本於一份關懷，本於同事間的感情，希望問候她、關心她。美玲從來沒有想過有人會注意自己，實在令她太感動了。之後二人的單獨約會增加，起初美玲還堅信這是普通朋友的互吐心事，豈料一次偉文用力抱著她的腰，她才知道自己已經愛上偉文。這段愛情好像給她生命的活力，重新令她確定自己的價值，第一次真正嘗到愛情的甘甜。然而她已是二子之母，丈夫又是個盡責的人，她有甚麼理由要拋棄他們，踏入這段不倫之戀？但與偉文這段愛情的感覺實在太浪漫了，在十年婚姻中從來未曾嘗過，面對孩子、面對丈夫、面對自己所愛的人，怎辦？

卓偉是徹頭徹尾的好好先生，自幼習慣順應別人，善於觀察別人的臉色，結婚五載，對太太都千依百順。太太經常在朋友面前誇耀自己的丈夫。自小受寵的她，有時不經意會發一點脾氣，幸好丈夫耐性好，總能化干戈為玉帛。卓偉以為用遷就便可以解決問題，內心已經積了很多不愉快的感受，太太不明白，以為他講了便沒事，並不察覺在卓偉心中的不滿已經到了沸騰點。突然有一天，卓偉向太太提出分手，因為他已經忍無可忍，況且他已結識了另一個女人，一個給他尊嚴、了解他的女人，無論太太怎樣挽回，卓偉已變得鐵石心腸了。

姑勿論是尋求個人內心的滿足，還是舒緩關係上的壓力，婚外情都似乎發出了一個訊號，告訴夫婦關係出現了問題，可惜當事人用了婚外情的方法來面對，而沒有正視關係中的真正問題。

關係上的親疏遠近，需要配合個人的內心渴求。有些人因著童年的坎坷經歷，渴求甚多；有些人則較為懂得處理內心的孤獨，期望在關係上獲得滿足的需要不大。故此世上沒有一個客觀標準來衡量關係上的親疏距離，重要的是夫婦二人明白自己內心的需要，懂得表達出來，而夫婦的溝通能力亦相當重要，因為透過溝通，才會彼此明白對方的需要。

除了關係上的親疏遠近出現亂子，未能配合夫婦個人的內心需要，婚姻的成長進程亦是關鍵的環節。關係有如人的成長，會經歷不同階段的進程，由二人蜜月期進入生育孩子的階段、再由孩子入學、步入青年期發展至空巢期。[5]夫婦在每一階段都需要調適，以配合家庭和個人的需要，例如當第一個孩子出生後，孩子便成為二人的中心，夫婦需要很多調適。我在美國曾經參加一個研討會，講者提及一個有趣的研究。她說在美國，丈夫發生婚外情的時間，多在第一個孩子出生以後，因為丈夫覺得被冷落了，需要找第三者，來滿足受冷落的心靈；而太太發生婚外情，則多數在第二個孩子出生之後，因為太太終日忙於照顧家庭，心力疲乏，需要找第三者，來獲取做人的動力。這個有趣的發現，在在顯示家庭成員的變化，極其深刻地影響著夫婦二人的關係。若這種調適做得不好，就會潛藏著很大危機。

在我的輔導經驗中，亦經常觀察到家庭發展階段對夫婦關係的影響。思敏和沛文一向都被視為模範夫婦，他們只有楚楠一個孩子，豈料楚楠自小身患頑疾，夫婦為了孩子東奔西撲，希望求得名醫一助。轉眼十年了，不知是奇迹還是夫妻二人的誠意感動了上天，楚楠奇迹地痊癒。思敏以為一切苦難都要過去，以後便是幸福快樂的日子，想不到就在孩子痊癒後不久，沛文竟然向她提出分手，因為他已經愛上了另一個女人。

在孩子痊癒以後，沛文感到內心一份莫名的空虛，以前為了楚楠付出心力、努力，一切內心需要都無暇顧及，但當孩子不再需要他時，夫婦頓然失去了一個維繫的核心。有一天晚上，他定睛看著熟睡的思敏，感到非常生疏。十多年來，除了孩子外，他們根本沒有別的話題。現在不用再為孩子奔波，他們之間還有甚麼呢？況且以前每當他向思敏提出性事要求，都遭她因身體疲倦為理由而拒絕，在他內心已經潛藏了太多不滿。他以為已經沒事，但孩子痊癒後，舊有的傷痕竟再浮現，眼前的妻子，既令他想起不快的舊事，又令他感到陌生，反之在進修課程認識的Mary就與他更投契了。沒有孩子的責任，便少了一份罪疚感。

家庭因發展階段出現變化，夫婦便需要彈性地回應自己和對方的需要，例如夫婦在蜜月期時，需奠定彼此感情的基礎；在孩子出生後，便需要學習處理分歧，亦需要騰出空間容納孩子在二人關係中出現。孩子踏入青少年期，正值夫妻步入中年危機，一方面要顧及孩子爭取獨立的需要，另一面自己也經歷一段重新尋索和建立自我的旅程，故此對夫妻關係挑戰甚大。在我的輔導經驗裏，這階段亦是婚外情最容易出現的階段。跟著是空巢期，以及年老期，夫婦重新面對二人世界，要重新適應沒有孩子在身旁的感覺和溝通方法。

關係的親疏遠近、個人內心的需要、加上婚姻家庭發展的階段，放在這個時代、這個社會的氣候中，婚外情似乎找到它植根的地方。

現代人是講求自我需要滿足的一代，現代社會懷疑一生一世的價值。我們這一代人缺乏了道德價值的培育，應付孤獨的能力薄弱，當婚姻面對種種挑戰，婚外情豈不是有萌芽滋生的良好土壤？

總結以上所說，我把婚外情出現的情境用圖表示：

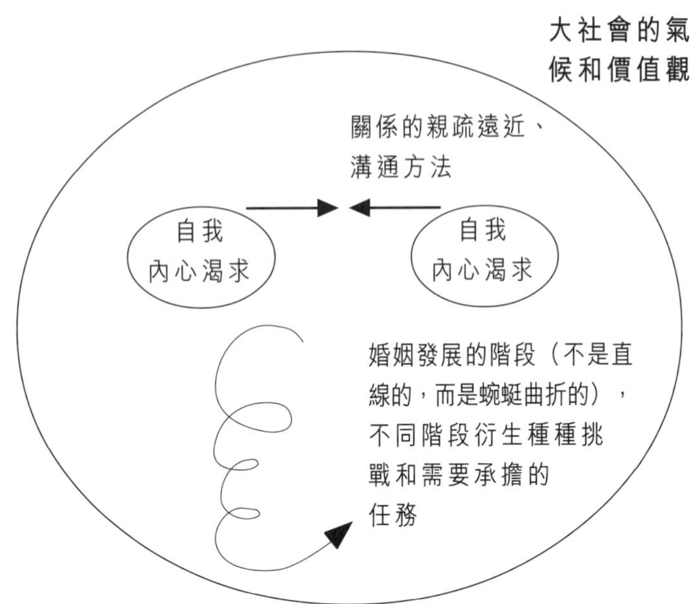

無論用甚麼理論解釋，婚外情是具有強烈情感素質的關係，它的刺激和浪漫，足以令人衝破道德的屏障；但被背棄的一方所面對的傷害，非筆墨所能形容。婚外情一方面帶給人極度的歡愉，另一面卻帶給人極度的痛苦，若婚外情不幸發生了，應該怎樣面對？姑勿論婚外情有何等強烈的情感素質，人總有抉擇和回應的能力。

註釋

1 香港公教婚姻輔導會「華人社會的婚外情」研討會——婚姻輔導專業探討，一九九七年一月二十二日。

2 第一至七種形態參考Young K. Notes presented at CMAC Workshop

on EMA,July~Aug,1991.Brown,E.M"Getting the message"in *Family Therapy Networker*,May/June,1989.Lusterman,D.,"Marriage at the Turning point"in *Family Therapy Networker*,May/June,1989.Brown, E.M."Patterns of lnfidelity & their treatment"N.Y.: Brunner/Mazel, 1991.

3 引自霍玉蓮於《怎可以一生一世》中之翻譯。霍玉蓮：《怎可以一生一世》（香港：突破，1996），頁166~167。

4 Kerr, M. & Bowen, M, *Family Evaluation* (New York: Norton, 1988).

5 Carter, B., & McGoldrick, M., *The Changing Family Life Cycle: A Framework for Family Therapy*, 2nd ed.(Boston: Allgn & Bacon, 1989).

第3章

婚外情的震撼——給被背叛的一方

從懷疑到發現

婚外情的震撼

劫後餘波

欲捨難離的婚姻

從懷疑到發現

沒有人想過婚外情竟發生在自己身上，有時開始感到懷疑，也叫自己相信配偶，豈料愈是叫自己相信，愈讓自己發現更多可疑的地方。

樂敏最近察覺丈夫特別講究衣著，有時如沐春風，最初以為是甚麼中年危機，豈料從他的信用卡月結單裏，發覺他經常在外晚膳，便開始感到有點不對勁。她亦曾經詢問過丈夫，不過換來是怪責的回應，丈夫指責樂敏對他缺乏信任。有一天，樂敏在客廳的分機中聽見丈夫與另一位女士情話綿綿，才證實丈夫發生了婚外情，此後便是一段漫長而黑暗的歲月。

在輔導室裏，經常聽見婚外情被揭發的故事，起初或多或少都有點蛛絲馬迹，例如配偶的衣著改變了，生活習慣不同，情緒發生變化，甚至是對待自己的態度有異。生活在一起多年，當身旁的配偶發生了一些變化，很容易會被察覺；在婚外情被揭露的過程中，通常會有一些信息的。而婚外情被發現的經過，往往表示了關係的狀態。

1.由配偶發現

由於發覺種種異樣，開始起了疑心，於是特別留意配偶的一舉一動，甚至搜查他的公事袋、錢包、手提電話中的記錄、銀行月結單等等，搜集了足夠證據，便提出質詢。或許起初對方是否認的，但證據確鑿，便無從否認了。一般來說，由配偶細心搜集證據而揭發的婚外情，涉及的一方通常處於兩難狀態，他們或許沒有想過離開目前的婚姻，但又碰上另一段戀情，感到難於拒絕，一方面想保持原有的家庭，另一方面希望瞞天過海，得到婚外戀所帶來的情感滿足，沒有想過會遭配偶發覺。被發現後，起初的會與配偶進入僵持的狀態，試圖保持兩方面的感情。

2.由涉及婚外情的一方主動説出婚外情的祕密

婚外情雖然有它浪漫激情的一面，但日子久了，最令牽涉的一方難以忍受的是經常要向配偶說謊，保持祕密。這是一種沈重的心理負擔，一方面覺得自己做錯了事，另一方面又要用謊言來掩飾自己的錯，有時也討厭自己的做法，有時無法承受這種心理負擔，索性把祕密向配偶說出，這種做法可能是代表：

a.覺得婚姻出現了問題，自己無法解決，說出來是希望向配偶求援。

楚琳一向覺得與丈夫的關係不錯，忽然有一天，丈夫向她透露自己好像喜歡了別的女孩。楚琳聽後，震驚不已，覺得丈夫出賣了她，嚷著要離婚。丈夫不得所以，既然楚琳堅決要離婚，他也會奉陪。最後離了婚，雙方都陷入痛苦的深淵。丈夫有一次坦誠地向朋友說，當初他面對著其他女孩的誘惑，心裏很害怕，若向其他人說，恐怕換來誤解和歧視，他惟一信任的人是太太，以為向她赤誠表白，她會協助自己。怎料說了出來，非但得不到預期中的幫助，反而令她情緒激盪。由於雙方都受情緒牽引，關係愈弄愈差，最後走上了一條不可回轉的路。他衷心地說應該在矛盾的時候尋求專業的協助，或許不會弄至這個地步。又或是楚琳明白他的心境，不用指責和憤怒來面對他，他便會有更大空間表達他的矛盾。離婚後，他亦沒有與那個令他心儀的女孩在一起。

b.讓自己的良心好過一點，希望配偶體諒自己的做法。

思聰經常往返內地工作，由於工作苦悶，大陸女孩又主動，很快便搭上了一個年輕的姑娘，甚至生了一個孩子。起初他還以為逢星期一至五在內地，星期六、日便可以在港陪伴妻兒。

他從來沒有想過用謊言來生活是這麼困難的。每逢太太問及他在內地的工作，他都特別緊張，編出了種種謊言故事，有時前言不對後語，自己也怕露出了馬腳。每逢節日，更加是令他苦惱的時候。眼見天真瀾漫的孩子嚷著要他留下，他硬要離開，心裏很難受。在夜闌人靜的時候，也感到對不起兩邊的家人，受盡良心折磨和謊言的壓力，最終抵受不了良心責難，一一向太太道出真相。其實他亦不知怎麼辦，只不過再不想靠謊言度日，說出來的一刻，有一種如釋重負的感覺。

c.已經經過仔細思量，內心有了決定，說出來是希望與配偶好好地分手。

在一個公司宴會中，芳玲認識了國楠，兩人一見鍾情，很快便墮入了愛河。芳玲一直都把內心的掙扎隱藏得很好，她的丈夫從來不知她已經認識了別的男人，表面一切正常。直至有一天，芳玲提出與丈夫分手，而且毫無挽留的餘地，在短短兩星期裏，她遷出了寓所，而且找了律師辦離婚手續。丈夫很痛心，覺得整件事來得太突然，當他向芳玲質詢時，芳玲坦白地說，她已經掙扎了超過半年的時間，但怕傷害丈夫，她把掙扎都藏在心底；而且她亦暗暗觀察丈夫，最後認為他是品性難移，於是在決定的一刻，向丈夫宣布消息，甚至連回轉的機會也不給他，因為她覺得糾纏愈久，愈是傷害，何不快刀斬亂麻，長痛不如短痛。

無論如何，聽見自己的配偶發生了婚外情，一定帶來很大的震撼，傷害也會很深。除了是了解婚外情的原因和思量自己應如何反應外，我們也需要了解婚外情所帶來的情感震撼。

婚外情的震撼

格拉斯（Glass）和賴特（Wright）發現一些受配偶婚外情打擊的人，會出現一些類似後創傷紊亂症（post-traumatic stress disorder）的症狀，這些症狀包括：

1.不斷回想整件事的過程；

2.有一些退縮的行為；

3.極度敏感及高度警戒。[1]

受了嚴重打擊，會叫我們頓然感到周遭的世界不是我們所能理解的，摧毀了我們對這個世界的假設。[2]格拉斯和賴特亦察覺到夫婦通常對婚姻有某些假設，包括了（1）大家相信一夫一妻的制度；（2）我可以信任你；（3）你對我是坦白的；（4）我們對這段關係是彼此委身的；（5）我在這段關係中可以感到安全。婚外情的出現，把這些婚姻中的假設摧毀了，除了震驚外，還令我們感到失控、失去了對這個世界的信任，更糟的是失去了自我的價值。情緒方面，會出現了兩極的擺動，一時會想盡辦法去力挽狂瀾，充滿決心和信心；一時又會覺得做一切也是枉然，而且會感到非常不公平和受到淩辱。

斯普林（Spring）勾畫了一些受婚外情打擊後的心理反應[3]，亦具參考價值。她觀察當事人會感到：

1. **失去自信**：從前對自己充滿信心，今天覺得自己是如此差勁，自己也開始懷疑自己。
2. **失去了在婚姻中不可以替代的位置**：自以為在婚姻中是不可替代的，豈料有另一個人可以取代自己，這是對自我價值一個重大的打擊。
3. **失去自尊和自我的價值**：為了挽回婚姻，不惜討好對方，失去尊嚴和自我的價值。
4. **責怪自己**：回想過去，為甚麼不早些揭發婚外情的迹象？開始有點兒怪責自己。
5. **失去了對自己思想和行為的控制感**：在腦裏不停的思索，追究原因，對每件細微的事情也翻來覆去地想多次，好像不能停止自己；有時則不由自控地懷疑和追蹤，切切地渴求尋根究底。
6. **失去了對世界的秩序和公理感**：我們一向認為善有善報、惡有惡報，世界總有公理，豈料無辜地發生這種打擊，感覺世界是沒有秩序、是沒有公理的。
7. **失去了信仰**：我們不是相信上帝會保守我們免於災難嗎？為何祂會容許這些事情發生在我身上？祂是慈愛的嗎？我還可以依靠祂嗎？
8. **失去了與人的聯繫**：連最信任的人都可以出賣自

己，我還可以信任何人？如果向別人傾訴，他們會明白和了解嗎？他們會否用懷疑的眼光看我，怎麼連婚姻也保不住？

9. **失去了生存的目的**：從前為了愛和為了這段婚姻，甘心樂意地付出，怎麼不是自己想像中那回事，還有甚麼生存的意義和目的？

一連串的情緒反應和思想上的掙扎，有時會令人對自己也感到陌生，我們若能了解婚外情對我們產生的影響，便會接納自己的反應。在決定挽回或是離開這段婚姻之前，我們先要協助自己處理在情緒上的反應，不要讓情緒上的波動影響我們在婚姻中的重要決定。

劫後餘波

前部分講及婚外情對一個人的影響，有如一場巨大的浩劫。人面對浩劫，便很想早些解決它，度過它，於是便出現情緒上的波動，一時想催逼配偶早日離開第三者，逼他給自己一個明確答覆；一時想自己離開，早日脫離這種痛苦的狀況。然而欲速則不達，對於受婚外情打擊的人來說，在這個階段，最重要是鎮定和耐性；首先要穩定因打擊而受傷的情緒，了解清楚整件事情的事理，明白自己的需要，才可以作出挽回和離開的決定，否則為了急於離開痛苦而忽忽做決定，往往引來日後無限的悔意。

恩琳發覺丈夫與公司同事有染，情緒實在控制不了，吵吵鬧鬧了半年，丈夫都還是一腳踏兩船。他曾應允離開第三者，結果半年來還是藕斷絲連。恩琳無法忍受，多次提出離婚，然而她心裏亦知道自己不想離婚，只是覺得無計可施，惟有用離婚威逼丈夫，逼他早日離開第三者。但經常提出離婚的威嚇只令他們的婚姻關係愈弄愈糟，結果丈夫真的贊成離婚，恩琳便在無可選擇下踏上離婚的路。離婚的過程充滿怨恨，法律的手續完成了，但恩琳一點也不感到快樂，而且感到更痛苦，既然是自己提出離婚，已無挽回的餘地。有時回想起來，恩琳也會為自己過早提出離婚而後悔不已。

卓翹剛好相反，知道太太有婚外情，不惜貶低自己，做盡一切來挽救這段婚姻。太太投訴說她在婚姻中經歷甚麼甚麼痛苦，卓翹不加思索地認錯；希望認了錯，做回太太喜悅的事，便能討回她的歡心。但無論他做甚麼，太太還是依戀別的男人，卓翹感到非常生氣，既然做盡一切都是枉然，做甚麼也是白費，何苦呢？於是由討好變為指責，辱罵太太水性楊花、朝三暮四。可惜指責過後，又再感到後悔，便做回討太太喜悅的事。如是者他在討好與指責的兩極中徘徊，感到非常辛苦。最後太太受不了這種煎熬，便主動搬離家園，卓翹不斷懊悔自己曾付出的一切，覺得自己是天下的大笨蛋，憎恨太太之餘，亦憎恨自己。

經歷被出賣的打擊，感到一切都是荒謬之餘，最難處理的是情緒上波動，怎樣協助自己處理這方面的情緒？以下提供一些參考的方法，或許能有些幫助。

1.焦點由外轉內

當我們感到周遭的環境失控時，通常自然的反應便是把精神焦點放在外在的環境，企圖找出問題的成因，目的是對症下藥，令事情早日得到控制。情況有如發覺屋內水浸，便集中注意力找出漏水的地方修補，以解決水浸的問題。於是很多受配偶婚外情困擾的人，不斷在腦裏搜索問題可能出現的原因，每一件小事也想過不停，以為這樣做便能盡快解決問題。

毋疑能找出原因是有幫助的，但在受傷的情緒下找原因非但解決不了事情，而且會令自己鑽「牛角尖」，進入了死胡同的狀態。在這個時候，不妨把焦點由外轉內，嘗試留意自己內心的聲音，接觸自己受傷的情緒。

配偶有婚外情對人產生傷害，究竟傷害了自己甚麼？是傷害了自己的自尊，還是摧毀了自己的信念？受了打擊，通常是讓自己了解自己的最好機會，在風平浪靜的日子，沒有人會問自己的自尊建基於甚麼，受了打擊後，才驚察自己的尊嚴是建基在別人的認同和讚賞上，甚至相信人是那永恆不變的救主。打擊讓人再一次檢定自我價值的根基，和一些誤以為真的信念。

或許有人會質疑這個時候是解決問題的時候，不是了解自己的時刻，然而在充滿奧祕的親密關係裏，不是以為用簡單的解決問題邏輯便可以解決問題，婚外情的出現，往往挑戰我們最深刻的信念和自我認識。從混亂中，一一檢視自己的信念，在這檢視的過程中，更能讓我們了解關係的真相。大雄便是在太太發生婚外情後，才了解自己一向視婚姻關係為滿足個人需要的場所，太太多年的忍讓和痛苦從來不能令他有甚麼回應，直至太太離家出走的一天，他才知曉自己是一個「自我中心」的人，他受了很大打擊，卻有徹頭徹尾的反省，最後太太離開了，但他卻成為一個更可愛的人。

2.留意自己的情緒變化

既然焦點由外轉內，我們可以開始留意自己的情緒變化模式和情緒所帶來的信息。比方當丈夫沒有致電回家，心裏便懷疑他跟那個女人幽會，心裏絞痛，究竟這種絞痛背後是甚麼信息？是覺得自己不被重視，還是感到自己信錯人？甚至可以了解自己為甚麼需要丈夫對自己這份重視，為甚麼自己這般自信，認為自己不會信錯人？這一切的反省，會帶自己進入深刻的自我認識，更加幫助自己擁有自己的情緒。絞痛是屬於自己的，丈夫是不同於自己的個體，不會期望他做出甚麼事令自己的絞痛消除，因為屬於自己的情緒由自己來疏解。很多人很難進入這個歷程，往往要討回公道，既然是丈夫與人幽會令自己痛苦，待他回來後便跟他算帳，硬要他做一些事情來安慰自己，或是逼令他答允以後要怎樣怎樣，得不到時誓不罷休。

在這個時候要對方做一些事情來安撫自己的情緒是很困難的，因為在表達期望和討回公道的情況下，對方很容易覺得被指責，甚至感到被攻擊，再加上潛藏的內疚感，非但不能做甚麼來安慰受傷的配偶，反而會令他愈走愈遠，加入指責的戰圈，又或是用謊言、用假誓來避過爭端，結果夫婦關係更加疏離。

3.疏解情緒

了解自己、接觸到自己受傷的情緒，便需要用疏解的方法來處理它。在疏解方面，每人氣質不同，適用於某人的方法未必適用於他人。在我的輔導經驗裏，發覺人先要了解自己素來疏解情緒的方法，才能發展一套適用於自己的疏解方法，大致上因應不同人的氣質，有以下數類：

a.分散注意力：某種人是喜歡用行動來處理情緒的，他們不能靜靜地呆坐半天，愈是感到孤單，愈會頹喪，腦裏便會胡思亂想。這種氣質的人適宜為自己安排多些活動和事情，把注意力集中在別的事情上，情緒便會慢慢疏解。

b.用空間讓自己接觸自己：另一類氣質的人，不喜歡在痛苦時與人接觸，愈是接觸，愈令自己情緒和思想紊亂，甚至感到很大壓力。他們喜歡一個屬於自己的心靈空間，讓自己接觸和撫摸自己的感覺，他們喜歡透過寫日記、唱歌、接觸大自然等來化解那受傷的情緒。

c.用釐清事理來安慰自己：對另一些人來說，分析的過程便是疏解情緒的方法，用腦把事情分析得清清楚楚，釐清事理之間的關係，即使結果不是所願望看見的，但分析的過程便把受傷的感覺沖淡。在分析過程裏，他們更認清自己的位置和限制，用思想來調校情緒。

不論是甚麼疏解方法，目的是在此階段平靜自己，不讓過激的情緒反應影響自己在婚姻中的決定，又或是為了避開痛苦，過早下了不成熟的決定（premature closure）。[4]

欲捨難離的婚姻

究竟發覺配偶有婚外情後，應選擇留在婚姻中，還是離開？這是一個很難作的抉擇。事實上每個人都有不同的婚姻經歷和價值觀，有不同的親密關係歷史，是很難簡單地說要留還是走。我在這裏嘗試提供一些考慮點，希望讓人在尋索這個方向時，更誠實面對自己。

1.婚姻觀

我們抱著甚麼動機進入婚姻？是為了滿足自己的需要還是承擔所愛的人的生命？若然是為了滿足自己的需要，當配偶有第三者時，是否仍然能滿足自己的需要？若是為了承擔配偶的生命進入婚姻，他還需要自己嗎？在這裏，最重要是了解自己「愛的行為」。有很多人以為自己很愛配偶，其實是想擁有他。婚外情的出現，有如被別人奪去自己的擁有物，千方百計也想奪回，當把配偶成為自己的擁有物時，很難聽到他的內心聲音，了解他的掙扎。

若然是帶著承擔感的愛進入婚姻，同樣會受傷害，然而考慮的重點是自己有沒有能耐等待下去。愛人，著眼於對方的需要，也要了解自己有沒有能力繼續付出，沒有能力卻強行要自己付出，會有摧毀自己生命的危機，故此若要以等待的心情等配偶回轉，也要考慮自己的能耐。

2.認識配偶

有很多人結婚，都帶著美化配偶的心情。婚外情的出現，往往令自己重新認識他。究竟他用甚麼態度和方法來面對問題？他的婚姻觀是怎樣的？這一切認識，容許我們調校對配偶的期望，而不是一廂情願地認為他應該怎樣做，認識了配偶，便思想是否可以與他建立關係。

3.了解自己的矛盾

矛盾的出現，是有兩條都不願走的路，一條是留在已經遭受破壞的婚姻中，對方打破委身的承諾，傷害了自己；另一條是孤單的路，昔日組織美滿婚姻的美夢打破了。假如兩條路都不想走，站在十字路口，一樣會感到非常辛苦。讓自己從矛盾中走出去，或許可以預見自己未來十年將會怎樣，究竟怎樣才不讓自己後悔？自己盼望操練愛的能力嗎？即使對方背信棄約，還依然去愛？還是把愛的對象轉移在更有價值的人和事上？當考慮矛盾時，不是盼望有奇迹出現，例如繼續等待，可能有一天他會回心轉意。帶著奇迹的盼望等待，當奇迹不能發生時，便很容易自怨自艾。抉擇的取捨，在乎你自己想自己成為一個怎樣的人，同時了解甚麼是自己可以放手的，甚麼仍然是自己的執著，於是便為自己可以放手和執著的地方作決定。

英儀很清楚自己留在婚姻的決定，丈夫在內地包二奶，她起初無法接受，後來她面對自己的需要時，承認自己太需要丈夫的照顧而無法離開他，這是她的需要，目前不能放手。她盼望有一天，自己變得情感獨立時，有更大抉擇的可能性。梓儀剛相反，她很清楚自己對婚姻忠誠的執著，她決定離開丈夫，內心很痛苦，但她為自己的決定負責。丈夫曾多番哀求，希望保持兩段關係；但梓儀的立場很清楚，她為自己所堅守的信念付上了情緒的代價。

在輔導室裏，經常聽見等待的一方把選擇的責任交在配偶手上，覺得自己沒有抉擇的能力，因而感到無助。無助生埋怨，埋怨天、埋怨命、埋怨上帝、埋怨他人。這種不肯為自己負責的生命態度實在有商榷的餘地。無論是選擇等待，選擇離開，都是自己作的，一方面我們要清晰自己所作的抉擇，另一面我們亦需要為自己所作的抉擇負上道德上和情緒上的責任。

4.各種途徑的考慮

要抉擇哪條是自己要行的路，也要考慮自己要解決甚麼難題，而所選擇的又是否真的解決了要面對的難題。最近有一位電話輔導熱線的義工問我，她認識一位女士，丈夫有婚外情，但仍準時給家用，那位女士每月拿著家用，甚麼也不理，只顧養育孩子。這位義工是位有正義感的人，她深深為這位女士抱不平，為何容許丈夫有兩頭住家，每月只拿他一點家用，她的尊嚴何在？若然是她，她早跟丈夫分手了。細問之下，這位女士要解決的難題是生活所需。在她來說，甚麼名分、甚麼身分不是她重視的地方，對她來說，目前所揀選的是最佳良方，離婚與否，在乎經濟的穩定性，因此亦沒有離婚的需要。

有另一位女士，丈夫有婚外情，但依然對她無微不至。她思前想後，若離了婚，連這些被愛護的感覺也都失去，離婚的意義何在？結果她承認自己這方面的需要，為自己這方面的需要負責，便決定留在婚姻。

不是每個人都容許配偶有第三者，有些人把委身的承諾放在第一位，他們很清楚地知道不論自己將來如何孤單，也不接納配偶有第三者，因此他們願意為委身的承諾付上離異的代價。

每一條路都有正面和負面的地方，在抉擇時，要很清楚自己的價值觀、自己的能力和底線，甚至要付上的代價，並且為自己所揀選的道路負責，即使要走的路很難走，也不後悔。

5.清楚了解自己作決定的模式

有很多人作決定，是用後果來衡量決定的好壞，這種方法容易使人產生後悔的情緒。例如一方決定留在婚姻中，結果是對方先作離婚的決定，於是便後悔自己在這個階段所付出的努力；又例如自己要離開，配偶竟然毫無悔意，很快便和第三者共偕連理，於是又後悔自己給了他們一個機會。用後果來衡量決定的好壞會很容易令人不斷後悔，因為無人知曉每條路的結果，生命充滿奧祕，我們惟一可以知道的是當下的處境和對自己的認識，憑著對上帝的信靠，憑著有限的知識，為自己的決定負責，即使是好是壞，懷著每個經驗都是寶貴的心情，迎接生命的挑戰。

另一種經常出現的作決定模式，是衝動地走入任何一條路，結果又是懊悔不已，因為都不知為了甚麼行這條路，日子久了，便感到不甘心，忿忿不平，認為是環境逼成，一切也是身不由己。若然了解自己是衝動派的人，又知道衝動所帶來的後果、便要不斷提醒自己。

最後一種是永遠猶疑不決，因為怕後果，一定要有充足的安全感才放膽作決定。這有點兒駝鳥政策，以為不作決定便無需為後果負責，豈料不作決定也是作了決定，自己也要為猶疑付上代價。

作決定是困難的，尤其是如此重大的決定，經過反省、經過了解自己、經過對現實處境的掌握，我們便可以投入自己的決定中，心裏有平安，憑著信心走下去。

註釋

1 Glass S.P. & Wright T.L., "Reconstructing Marriages after the Trauma of Infidelity" in W.K.Halford & H.J.Markman (eds.) *Clinical Handbook of Marriage & Couples Interventions*, (N.Y.: John Wiley & Sons, 1997), p.473.

2 參 Janoff-Bulman, R., *Shattered Assumptions: Towards a New Psychology of Trauma*, (N.Y.: Free Press, 1992) 。

3 參Spring J.A. with Spring M., *After the Affair: Healing the Pain and Rebuilding Trust When a Partner has been Unfaithful,* (N.Y.: Harper Collins Publishers, 1996) 。

4 參Janis, I.L., "Decision-making under Stress", In L. Goldberger & S.Breznitz (eds) *Handbook of Stress, Theoretical & Clinical Aspects,* (N.Y.: The Free Press, 1982) 。

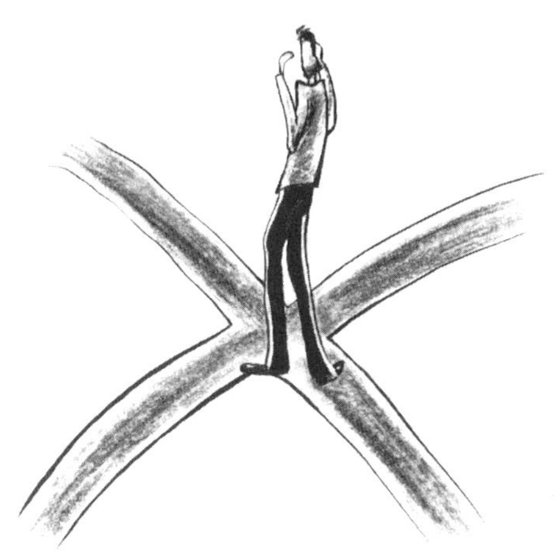

第 4 章

誰是至愛——給遇上婚外情的人

為何我會這樣做？

浪漫的情愛

站在十字街頭中

新歡舊愛兩難忘

委身的再思

為何我會這樣做？

婚外情不單是受出賣的一方經歷痛楚，涉及婚外情的一方也經歷無數掙扎。

婚外情是怎樣發生的？人家說七年之癢，一段婚姻經歷七年之久，真的會容易發生婚外情？在美國，男女發生婚外情的時間大約在婚後八年左右，[1]這是平均的計算法，若以在一九七〇年或以後結婚的人士計算，發生婚外戀的婚齡降至四、五年間。不論是八年還是四、五年，婚後數年是開始發生困難的階段。

沒有人想過婚外情發生在自己身上，但內心的渴求往往令人衝破道德界限。從實務經驗中，發覺婚外情最容易發生在數個個人或家庭的轉捩點：

1.追思逝去的至親

志強一向與妹妹的關係很好，自小便照顧和保護她，有任何人欺負小妹妹，志強會奮不顧身地保護她，兩兄妹自小建立深厚的感情基礎。

長大後，志強成家立室，有自己的妻兒，妹妹還未出嫁。不幸在一次嚴重意外中妹妹傷重身亡，志強表面上一切都應付得很好，但他內心有一種莫名的痛楚，說不出，亦沒有人會明白。所有人都以為事隔一年了，甚麼傷心都過去了。就在一年後志強與另一位年紀與自己妹妹相近的女孩發生了婚外情，太太當然晴天霹靂，自己一向以為有一段幸福婚姻，萬萬想不到丈夫竟然做出對自己不忠的事。起初丈夫也不明白自己為何會愛上另一個女人，但經過輔導後，才體會自己的心路歷程。他自以為已經把妹妹的事情忘掉，原來自己仍在哀悼她的死亡，那位與妹妹年紀相約的女孩令他有機會補償自己對妹妹的愛。

陳生發生婚外情的時間在母親過身後兩年。自小由母親含辛茹苦養大，陳生覺得欠她實在太多，未有報恩的機會，她便因癌病過身。陳生自此沈默寡言，太太不以為然，以為他是傷心之故，突然有一天陳生向太太宣布自己有婚外情，便毅然離開家園。陳生對輔導員說，自他母親過身，他覺得做人太無意思，沒有意義和價值。對他來說，婚姻、婚外情只是過眼雲煙，他不會對任何人有任何留戀，他只希望孤身地走自己的路。這段婚外情是表示陳生還為他身故的母親哀悼，他不是對第三者情有獨鍾，而是透過婚外情來麻醉自己，讓自己不用接觸那哀痛的傷口，或許如他所說，這是讓他離開婚姻的最佳藉口。

當婚外情發生在親人逝去不久，可能是一種哀悼的表現，當事人需要理解自己的心路歷程。

2.尋找心靈和情感的休憩處

炳強近來的工作繁多，壓力甚大，回到家裏，往往帶著沈重的心情；心情欠佳自然板著臉，孩子們的玩笑聲便成了噪音，妻子與他商量孩子的功課問題，對他來說又是另一種壓力，似乎工作與家庭都是壓力的場所。他從來沒有想過生活的重擔會如斯令人透不過氣來，他可以往哪裏尋找休息的地方？公司的祕書最了解他的心事，看見他心情不佳，會主動寫卡問候，亦會關懷地接觸他，從祕書的角度看，她只是不忍心看見炳強被壓力壓得透不過氣來，純粹出於一份關懷和同情；漸漸地兩人便開始投契起來。兩人都不察覺愛火已在他們中間燃起，因為大家都深明這是不倫之戀，就是因為覺得不可能，兩人都否認心中的感覺，在否認中好意不斷滋生。直到一天，大家互望的眼神，一時的觸動令他們彼此狂吻，大家才知道已經墮進愛河。炳強從來沒有想過與祕書的感情已經到達不能自拔的地步。婚外情為炳強提供一個壓力世界以外的休憩處，是他的避難所。

3.尋回失落的天使

天恩在讀書時代已認識丈夫，兩人青梅竹馬，順理成章在畢業後便結婚，所有人都覺得他們是天生一對，但只有天恩心裏才明白，她對丈夫的感情是基於共同的歷史，她心目中渴求的愛侶全不是這個模樣。可是人人都認為他們應該結婚，人人都認為他們天生一對，況且在天恩身旁也沒有比丈夫更適合自己的人選，便結婚去了。不知是天意弄人還是緣分所致，婚後年半，竟然給天恩碰上她心目中的情郎，她從來未嘗過這般投契的對話，好像不需說話也能彼此明白，天恩開始領悟甚麼是愛情。相較之下，丈夫是現實妥協的選擇，難道自己一生就這樣妥協下去嗎？過去是為了別人而活，今天她想走自己抉擇的路，於是便主動向丈夫提出分手，當然引來強烈的反響，但天恩覺得所有人都不明白她，只有她的情人才真正了解她，愈是多人壓逼、愈令她感到與男朋友的愛情是可歌可泣的。

俊賢與太太結婚快二十年了，家中有兩名可愛的孩子。俊賢一向是個順應別人要求的人，人家覺得他是個一等一的好好先生，誰也想不到他會發生婚外情。太太不是個典型的賢內助嗎？俊賢為何變得這樣壞？有誰知曉在他心裏，一直都後悔結婚，起初不忍心太太受傷，在一念之差下，與她共訂婚盟，婚後，他一直希望透過付出、忍讓來建立與太太的感情，付出了很多，太太覺得很幸福，然而俊賢內心是枯乾的。想不到時光飛逝，人已介中年，若不讓自己親嘗愛情的滋味，這一生恐怕會後悔不已。忽然有一天，他向太太宣布自己已愛上別的女人。

最近在輔導工作中，碰上多個與第一個女朋友重遇的浪漫愛情故事，不論是初婚或是結婚二十多載，這種重遇都帶有強烈浪漫溫馨的色彩。對當事人來説，現實是太令人煩厭，太多需要負擔的責任，他們內心都有一種浪漫的追求，這種追求，要在超現實的關係中尋索，愈是脱離現實，愈帶有浪漫的感覺，這種感覺令人陶醉，令人美化婚外情的關係。

4.醫治舊有的創傷

志鋒十多年前與女友分手，當時他們還年少，但分手對他打擊很大，令他終日茶飯不思。分手是女友提出的，志鋒很傷心，但沒有人明白他，家人朋友都覺得這只是少年十五二十時的遐想，過一段日子便沒事了。果真過了一段時間，志鋒再認識另一位女朋友，結了婚，生了孩子，志鋒的事業也蒸蒸日上，就在一切都好像很美滿的時候，志鋒發生了婚外情，連他也不明白，妻子很體諒，孩子很可愛，從道理上怎樣也講不通，但他就是愛上了另一個已婚的女人。他覺得這位女士好像能填滿他內心的空虛，令他有一種實在的感覺。

表面上志鋒是世界上最幸福的男人，有美滿的家庭，有成功的事業，然而沒有人知道在他內心深處，有一個還未痊癒的傷口、有一個深不可測的黑洞，經常令他感到空虛。有時看見孩子天真瀾漫的笑容，人人都開懷大笑時，自己便感到極度的孤單和空虛，就是碰上這位女士後，才令他尋回一些實在的感覺，令他有一種被醫治感。

有很多遇上婚外情的人表示，他們的內心經常有一種空洞的感覺，很是痛楚，自己亦不明白其所以然。

當人接觸自己的內心深處，會接觸到生命的真相，亦接觸到舊有的傷痕。從前被遺棄的痛楚、生命的孤單，往往令我們內心產生空虛感，甚至荒謬感，有人逃避它，用生活種種活動來迴避；有人否認它；有人尋覓世間的事物來填滿它，婚外情是某部分人用來填滿這個空洞的做法。

5.環境的變遷

兆忠與太太移民加國，在當地無法找到合適的工作，惟有獨個兒回港。他在這邊努力工作，太太與孩子們在加國繼續生活。他們打算儲夠金錢，便一家團聚。兆忠沒有想過獨個兒在港生活是這般孤單的，尤其是每逢節日，眼看別人一家大小歡聚的情景令他倍感寂寞。雖然每年他都抽兩段時間與家人歡聚，但一整年的時間就只有兩三星期與家人見面，其他日子便是獨個兒看戲、煮即食麵、行街。公司的亞May還是單身，且大家說話起來很投契，兆忠心想大家做個普通朋友也無妨，為甚麼男人結婚後不可以有異性的朋友？於是在道理上覺得沒有錯，在情感上又找到一個伴侶，就開始約會。兆忠感到彼此間的感情愈來愈好，但他從來沒有想過離開妻兒，於是瞞著太太繼續與亞May來往。直到一天他們單獨共處一室，大家按捺不住情欲，一嘗雲雨之情，亞May沒有甚麼要求，大家都知道這只是短暫的感情，兆忠沒有想過離婚，亞May亦沒有提出過結婚，於是大家的關係就繼續發展下去。起初兆忠感到內疚，後來他覺得既然他仍負責太太和孩子的生活開支，亦沒有影響他們的關係，他與亞May的感情並沒有甚麼不妥，況且亞May是三十來歲的成年女子，大家你情我願；至於瞞著太太，是恐怕她受不了，以免令她傷心。只要他仍是負責任的丈夫和父親，良心上依然是講得通的。誰知祕密終於被發現，他與太太的關係弄得滿城風雨，最後以離婚收場，兆忠想不到他為解決單身的苦悶付上沈重的代價。

浪漫的情愛

在以上的環境以及人生的轉捩點中，特別容易產生浪漫的情愛，當浪漫的感覺強烈時，我們的思想和情感都會非常混淆。浪漫給人一種高漲和飄飄欲仙的感受，根據一些生理學的研究，這種感覺是由於大腦分泌一種名為苯乙胺（Phenylethylamine，簡稱 PEA）[2]的物質，這種物質，大大影響我們的情緒，甚至我們的理性判斷。於是情人眼裏出西施，在情到濃時，甚麼也看不清，也很難在這個階段作出明智和理性的決定。這種墮入愛河的感受，會令我們自我的形象和價值提升，同時亦難於真確地認識對方和整段關係的真相。每段經過戀愛而共同相處的關係，都或多或少經歷這個階段，這種感受令我們覺得愛情已經產生了，甚至覺得對方是那個眾裏尋他千百度的人。當我們結婚的一刻，豈非存在過這種感覺？然而，當這種感覺隨著年日消逝，我們便以為不再有愛情了，繼而進入另一段關係。在另一段關係感覺強烈時，有時甚至會否認過去也曾經擁有這些感覺，推卻自己當年年少，沒有想清楚，又以為當年自己不大了解自己的需要，所以作錯決定，今天才尋得真命天子等。

在尋覓愛侶的過程中，每一個階段都展現出當時獨特的生理和心理狀態，而這種狀態亦受著童年經驗和當下身處的環境影響，於是作出投入關係的決定。

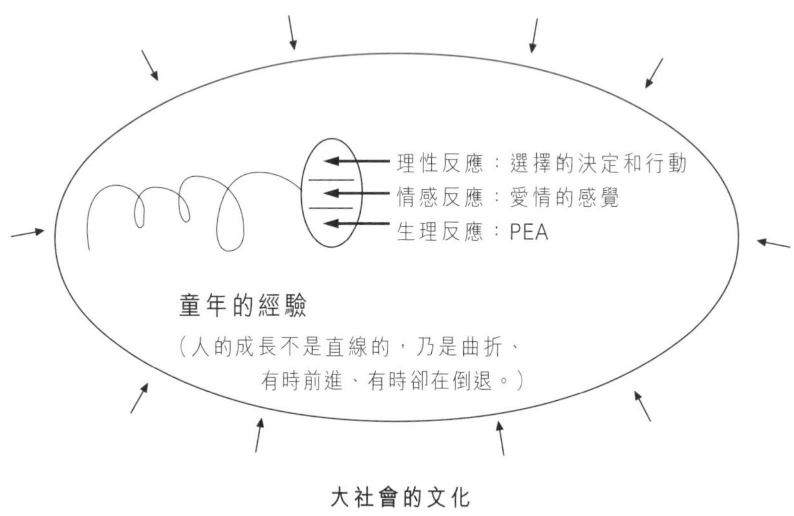

對很多在婚姻以外墮入愛河的人來說，情感的反應主導了一切。這種浪漫、陶醉的感覺影響了我們對周遭事物的觀感，影響了判斷，甚至否定過去的經歷。目前的感受成為了一切決定和判斷的基礎，他日當這種情感反應淡化時，重新讓我們面對真相，更認識第三者，體會婚外情的甜酸苦辣，甚至面對自己曾傷害過的人，以及良心的責備等等，很多時候會叫人負荷不來的。據一項在美國的調查顯示，少於百分之十的人會與發生婚外情的人最終共偕連理，即使結了婚，離婚率更高達百分之七十五。[3]可見過去歷史的包袱沈重地影響新一段的關係。筆者見過很多在婚外情愛河沐浴中的男女，以為單靠他們的情愛力量，便可以克服將來一切困難，新的開始，令他們以為重新得著力量。有時我不禁會問，婚姻中遇上難題，他們已經想放棄了，又有甚麼令他們在一段開始得如斯困難的關係上，再加上先天不足的處境，有信心將來可以成功？這種誤以為覓得真正愛情的感覺，亦會因為遭到周圍環境的壓力而加深，一對苦命鴛鴦，遭周圍所有人的誤解，更加覺得需要結連在一起；日後當壓力消減，兩人需要真正面對雙方時，問題便開始了。

我們一方面需要了解浪漫感覺的本質，明白它怎樣影響我們的理性思維和決定，同時亦要了解因婚外情所產生的迷亂感覺。有很多人誤把這些迷亂的感覺投射在婚姻關係上，更加覺得關係已經壞到極點，又或是投射在配偶身上，覺得他問題多多，一點也不適合自己。感覺會影響我們對周遭事物的理解，這個時候，必須釐清兩者，切勿讓亂作一團的情緒影響我們的判斷。

站在十字街頭中

婚外情一旦被揭發，當事人便要面對一連串需要抉擇的困境，心情迷惘，四處也感到張力。一般來說，有以下的迷亂心情：

1. **內疚與指責**：一方面感到內疚，始終是自己不對，但另一面覺得若不是配偶未能滿足自己的需要，自己亦無需要尋找別的滿足，當感到受到攻擊時，反而指責對方的不是。
2. **孤單**：無人能明白自己，世界所有人都帶著有色的眼鏡看自己，有誰能明白我心聲？
3. **委屈**：若配偶有婚外情，我還可以理直氣壯地道出他的不是，然而是自己有婚外情，有誰會站在我的一方，了解我的痛苦？萬般委屈，只有藏在心底。
4. **迷亂**：究竟要怎樣做？與第三者一起，必然千夫所指，但要我離開他，恐怕一生也不會再遇上一個我曾如此深愛的人，究竟我要如何抉擇？
5. **壓力**：四周都逼我早日決定，但我最需要空間、最需要時間讓我想清楚，沒有人明白我這方面的需要，配偶終日哭哭鬧鬧、要生要死，時間拖得愈長，情況就不斷惡化。然而壓力愈大，我就愈難作決定。

6. **麻木**：太多的壓力、太長的煎熬，開始產生麻木，對配偶的哭號，對未來的憧憬，一切都變得污黑，承擔不了的心理負擔，內心開始感到麻木，對甚麼也失去興趣。

或許還有很多很多複雜的感受，人面對這種處境，有時會快刀斬亂麻地胡亂作決定，有時則逃避，希望待對方和處境來作決定，在這時候，人實在需要一個中立的第三者（例如輔導員）為自己疏理情緒，弄清事理，明白自己的需要，為自己的情緒和決定負責。很多有婚外情的人都不願意尋求協助，以為輔導員都是講一些老生常談的道理，其實輔導的重點，在於協助當事人明白自己的情緒和事理，在自我了解的狀況下，為自己作出負責任的決定。

新歡舊愛兩難忘

一個是至愛，一個是曾同甘共苦的配偶，前者帶給自己歡愉與盼望，後者是歷史遺下來的感情，究竟應如何抉擇？在輔導室裏，很多人就在這個掙扎中痛苦地呻吟，有很多人慨歎地說，若給我重頭再走一次，我不願再走這條路。

要行這條抉擇的路，不是想像中簡單，兩個都與自己有感情的人，姑勿論是愛情、感情還是同情，始終繫於心間，不是說放手就可以放手。很多在這個掙扎中難於作決定的人，都是富有感情的人，就是愈有感情，愈難取捨。

有人曾對我說，在這個掙扎過程中，他開始認識自己，因為從來沒有機會讓自己思想自己這麼多。在不斷自省時，了解了自己的軟弱，了解了自己的幽暗面，以前並不感到自己是這樣，但接觸了自己的軟弱和幽暗處時，反而令人謙卑下來，仰望造物主的大能和慈愛。

在這個抉擇的時刻，最重要是讓自己放下防衛，誠實面對自己，更不要讓四方八面的張力令自己疲於奔命，反而要讓自己的心安靜下來，徹徹底底地靜思。我在這裏提供一些思考的藍圖，盼望能夠協助在這困局中的人有一些思考的出路。

首先要接納自己，無論我們犯了甚麼錯，能夠接納自己是誠實面對自己的第一步。不能接納自己的人，反而做出更多傷害自己和傷害他人的事情。

跟著讓自己了解發生婚外情的心路歷程。是甚麼令自己在這個階段再墮情網？是情感上的渴求，是面對孤單的痛楚，還是尋回失落了的自我？誠實面對自己的需要，然後再問是甚麼令自己相信這段情緣是解決的良方？自己底層的愛情和人生觀又是甚麼？

我們不妨問自己，在情感需要、責任感、承諾、舊情這幾方面有怎樣的價值觀，我們又怎樣分先後次序。有些人又要滿足情感上的需要，又不肯承認自己是沒有責任感的人，因此千方百計，以為做一些事情來安慰受傷的配偶便盡了責任，但始終不可以不承認，他還是把自己情感的需要放在對他人的責任感上，面對重要的抉擇時，就是要考驗我們的價值觀和人格，我們必須誠實地面對自己，否則便很容易陷入自欺的陷阱。

在了解自己的價值觀時，要特別留意自己是否矛盾，要求自己與要求別人是否一致？我在輔導室裏，經常聽見數種自相矛盾的講法。第一是認為自己博愛。他們認為多愛一個人沒有甚麼問題，通常我會反問他們，若是配偶有同樣的情況，他們會怎樣？有人答沒問題，豈料果真出現這種情況，才明白當時配偶的痛楚。原來他們心目中的博愛，只可以在自己身上發生，卻不容許配偶做同樣的事。第二種講法是為了愛情而甘願犧牲。

他們所講的愛情是一種以他人為中心的崇高之愛，他們覺得配偶是個自私的人，完全不懂得愛。然而當一個人為了追求滿足情感上的需要而離開婚姻時，同樣地也只是以自我為中心，他日得不到滿足，又會追求另一段關係。他們心目中所追求的崇高愛情，只是要求別人給予自己，並不是要求自己身體力行地活出來。第三種講法是當初結婚還年輕，沒有經過深思熟慮，因此可以再做一次決定。其實人在甚麼時候才是成熟，三十來歲看二十來歲的自己，一定感到很多幼稚的地方。人不斷成長，四十來歲再看今天的我，一樣會覺得不成熟。人既然不斷地成長，但亦要不斷地作決定，以成熟與否來衡量自己應否為某個決定負責，基本上是不可能的。換句話說，沒有完全成熟的時候，我是否一生都不需要為自己的決定負責？如果人不能為自己的決定負責，他便沒有選擇的權力。現代人最詭辯的地方，就是既要享受選擇的權利，又不肯為自己的決定負上責任。

有些人覺得既然當時結婚作錯了第一次決定，今天就要讓自己再次選擇。無疑結婚的一刻可能是選錯了，今天就要為這個錯誤的決定而負上後果，因著這個錯誤的決定配偶已經在情感上更投入了，他／她的期望要比結婚前更多，這是不可以回轉的情感發展。既然當初作錯了一個決定，今天就不要再作一個更錯的決定。

清楚了解自己的價值觀，或者可以再反省這些價值觀的建立基礎，是糊里糊塗地建立出來？還是經過積極的反省建立出來？為甚麼情感滿足要比責任重要？為甚麼歷史遺下的感情不比此時此刻的浪漫感覺重要？如何決定反映一個人的為人，究竟我們盼望自己成為一個怎樣的人，才覺得對得起自己？在輔導室裏，我經常問當事人：「當你百年歸老時，回望自己一生，要怎樣才覺今生無悔？」有人說追求浪漫的愛情，即使這會是自私的；有人說要對得起別人、對得起自己，自己不願意成為摧毀別人的兇手。在這裏，我很想引用好朋友霍玉蓮在她的書《怎可以一生一世》中的一段話：「我以為真善美在創世時是三合一的，是人類墮落歪曲才把真善美分裂。真正的真是美和善的，真正的善也是美和真，真正的美是真和善的。」[4]婚外情可能帶給人真和美的一面，然而它卻沒有了善，在確立我們的價值觀時，有沒有訂下真善美的追求？

很多追求婚外情的人，都沈醉於那種超現實浪漫溫馨的感覺，以為這就是愛情。無疑沐浴在這種感覺裏，經常有說不出的歡愉，甚至自我價值亦被提升，眼前的第三者有若天使的化身。然而真正的愛情是一種道德的責任感，也是一種意志、決心和允諾；不是對某個特定的人的關係，而是一種態度和一種性格方向。[5]浪漫情愛是停留在情感世界的感覺，當面對抉擇時，我們必須以追求整全的人格為目標。

最後我們可以用尊重歷史的態度來面對這個抉擇的關口。中國人是一個很重情的民族，而情必須建基於歷史，沒有歷史的情只是一種轉眼即逝的感覺。我對你有情，是因為我兩分享共同的歷史，從歷史中我們彼此認識，經過了時間的考驗。囿於婚外情的人，也是由於多情，才難於決定。當自己靜下來時，我們怎樣面對過去的歷史？當人否定過去歷史中所產生的情時，又怎樣確定今天所經歷的是真的？人的生命由歷史點點滴滴地匯聚而成，每一個生命片段都緊緊相連。有些人想用切斷抽離的方法面對過往的歷史，以為一切可以重新開始。一個不能尊重歷史的人，又怎樣尊重今天的經歷？生命於他以言，是分割和斷裂的片段。用尊重歷史的態度，我們才可以體會身旁的配偶是一個有血有肉的人，曾與我們共度生命的旅程，在我們的生命中，他已經佔有一個不可以抹掉的位置。

委身的再思

浪漫情愛不可靠，卻令人神往而陶醉。相較地，委身的關係多麼沈重。究竟愛情與委身之間是否矛盾和衝突呢？一個是自己曾經委身的人，已失去愛情的感覺；另一個是自己所愛的人，但未經過委身。委身是否只是大社會抑制人的魔鬼？難道要純為了道德責任而與一個自己不愛的人在一起？追求愛情有甚麼不妥？為了追求一段至情至性的愛情而至死不渝，即使衝破道德的障網又有何足惜？聽下去是如此動人和轟烈的愛情，活下去卻是另一回事，一生一世的愛並不是一種轉眼即逝的感覺，這是一種情操，一種意志，甚至是一種生命的取向。

當開始彼此吸引時，或多或少都帶著盲動；作了委身的決定後，就在這個決定上，把純浪漫感覺的愛情昇華和深化，跨越潛意識的盲動力量，跳出情感依附的網羅。真正認識你所愛的人，無論是美或醜，是可愛還是不可愛，接納他／她與自己是不同的個體，這樣才產生真正的聯繫。浪漫的情愛是基於以為對方是與自己一樣，恆久的愛情是認識對方與自己的不同。委身便是在與對方一起的決定上，認識對方，接納對方，最後認識對方作為一個完整獨立、與自己不同的個體，而產生深刻和真正的聯繫。

明顯地，委身是動態的過程，在認識對方與自己不同時，擴闊自己，包容對方，認識對方，從而產生聯繫，再加深委身的決定。

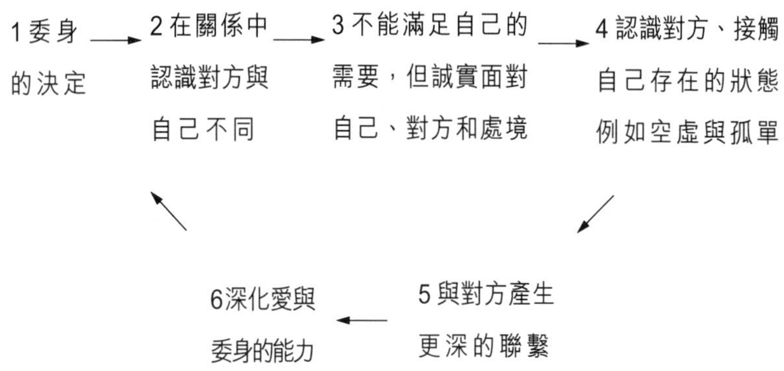

現代人把委身的決定，建基於滿足自我的需要上，而非在認識對方的基礎上；換言之，因為對方有些地方令我感到滿足，於是便決定與他一起。這個決定，誤以為是委身，於是當愛的感覺消失，當對方不能滿足自己的需要時，再沒有委身的需要，委身亦成為一種阻礙自己滿足需要的屏障，委身與愛情便成為了對壘的敵人。其實委身與愛情都是人格情操的一種發展方向，是需要跟生理與情感結合的。原始的生理力量，過去的情感經驗是靠我們不斷自省，藉著恩典而獲得提升和提煉的。經過提升後的生理與情感力量，是會與委身的愛情結連的，這是一個轉化的過程，當中不斷經過衝擊和碰撞而整合，充滿淚水和痛楚。

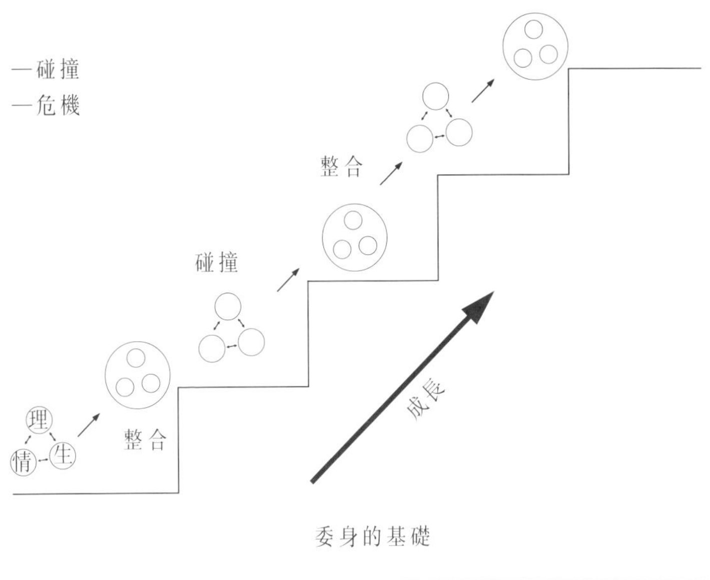

有很多人在還未整合之前，便決定離開，以為另覓新歡，便可以避過碰撞過程中的失望、沮喪和痛苦，這種做法，只會容許自己永遠停留在成長的初階，每一階段的碰撞，是成長與整合的契機。

註釋

1 Lawson, A. *Adultery—An Analysis of Love and Betrayal*,（N.Y.: Basic Books, 1988）, p.173.

2 參 Fisher, H., *Anatomy of Love — The Mysteries of Mating, Marriage, and Why We Stay*,（N.Y.: Ballantine Books, 1994）。

3 參 Staheli, L., "Affair-Proof", *Your Marriage: Understanding, Preventing and Surviving an Affair*,（N.Y.: Cliff Street Books, 1997）。

4 霍玉蓮：《怎可以一生一世》（香港：突破，1996），頁173。

5 參Erich Fromm, *The Art of Loving*, (U.K.: George Allen & Unwin, 1957）。

參考書籍

1. 劉再復，《性格的組合論》（上海，文藝，1986）。

2. Peck, S（1985）*The Road Less Travelled: A New Psychology of Love, Traditional Values and Spiritual Growth* ,(N.Y.: Touch stone, 1985）。

第5章

相逢恨晚——給婚外情中的第三者

一場偶遇

我該怎麼辦？

治癒情感的創傷

一場偶遇

Susanna在公司工作已有八年了，上司Timothy是位英明果斷的領導人，他不但能幹，且對下屬關懷備至，Susanna猶記得當她與丈夫離婚的時候，工作表現強差人意，Timothy非但沒有責怪她，還給她很多寬容和體諒，令她深受感動。Susanna的心一直仰慕Timothy，奈何Timothy已是有婦之夫，一家四口樂也融融，Susanna惟有暗暗為他們祝禱，祈求他們幸福快樂。

誰也想不到一向神采飛揚的Timothy近來竟然垂頭喪氣，做事沒精打采，在工作上還做了幾個錯誤的決定。Susanna開始擔心Timothy，本著善意的關懷，就主動問候他。Timothy實在太需要一位談心的對象，多月來與太太圍繞著家庭經濟問題屢次發生嚴重衝突，再加上公司業績不斷下滑，Timothy已經吃不消了，碰上了Susanna的關懷，內心多月來的鬱結好像有了一個出口。自此之後，兩人不時約見，互有深入的分享，想不到只是半年時間，愛慕之情已如酒般濃烈，Timothy終於陷入了兩段感情的兩難抉擇中。

其實Susanna曾多次主動提出與Timothy分手，因為她從來沒有想過破壞別人的家庭，但過了幾天，又按捺不住內心的牽掛，便收回分手的決定。如是者拉拉扯扯，進入了膠著狀態。有一回反倒是Timothy主動提出分手，Susanna沒料到自己會變得如此瘋狂，死纏著Timothy不放，甚至不惜以死相嚇，不計尊嚴挽留他。Timothy滿懷內疚，不忍心撇下Susanna，於是分手的決定又再告吹。Susanna已經不可以失去Timothy，投入的感情愈來愈多，已到了一個不能自拔的地步，但她又知道Timothy是個責任感強的丈夫，他是不會放棄家庭的。她思前想後，無奈地接受這個現實，於是提出不需要名分，只要Timothy繼續與她一起便足夠了。Timothy自知對太太與Susanna也有道義上的責任，但怎也想不出任何兩全其美的方法，只好一方面做其盡責任的丈夫，另方面繼續與Susanna來往。

起初，Susanna還以為自己承擔得來，但日子久了，每逢節日都是孤伶伶一人度過，心裏有種説不出的酸溜溜感覺。最悲哀的還是她病倒牀上，Timothy竟因與太太出外度假而無暇探訪，眼巴巴看著他們飛往陽光與海灘的旅遊勝地，Susanna不禁悲從中來。從前以為有了愛情滋潤就幸福無比，但今天還要比從前悲悽。多次想擺脱這段感情，卻始終做不到，每當Timothy一個電話問候，她的心便融化了。她懊恨自己沒用，自討苦吃，不斷在期待、失望、後悔之間徘徊，在自責中翻來覆去，痛苦不堪。

以上是婚外情中第三者的典型經歷，據筆者觀察，第三者的經歷一般來説都有以下一些特徵：

1. 婚外情的發生不是刻意安排的，通常都是**其中一方遇到困難，需要關心和傾訴**，雙方偶然遇上，談起來感到投契舒暢。起初還以為是普通朋友，但愛火不知不覺燃起，有時縱然自知不妙，也會自欺，不敢承認和面對這種感覺，直至情到濃時，已發覺不能自拔。
2. 一向果斷的人，在婚外戀發生後才**驚覺自己如此「拖泥帶水」**，甚至做出一些連自己都不敢相信的控制性和報復性行為，例如以死相嚇，威脅對方，不顧尊嚴地挽留對方等。
3. **覺得周遭的人不會明白自己**，且會批評自己的所作所為，因此不敢向人求助，且預計別人只會勸導自己離開，有誰明瞭和欣賞這種甘為愛情付出一切的「情操」？
4. **很難承認和面對自己是破壞別人的家庭**，一來是自己沒有這份用心，二來是知道對方的婚姻已出現問題，對方還不斷表示真正所愛的是自己，只不過命運弄人，相逢恨晚而已。
5. 當對方猶疑不決，遲遲未能作出離婚的決定時，**自以為可以等待**，豈料自己亦按捺不住內心的焦慮和嫉妒，更加不能接受對方對妻子／丈夫仍有感情。
6. 當關係變得欲罷不能時，**內心經歷自責、矛盾、期待、失望的煎熬**。自責不能擺脫對方的情感牽引；矛盾於離開與挽留之間的抉擇；期待有一天能與對方終成眷屬；失望於一個個期望的落空。有誰共鳴？別人不指責自己已經是難得極了，又怎可以期望別人站在自己的一邊？於是內心更覺悽然孤單。

我該怎麼辦？

雖然你沒有想過做第三者，但事實真的發生了，且不要迴避，不要自欺，不要自責，用誠實面對自己的方法，勇敢地面對問題。

1. 首先要**安定自己的心神**。強烈的情感依附，會令自己做出一些非理性的行為，例如自殺、操控、強逼、威脅。這些都不是你在一般情況下的表現，只是你太怕失去對方，在紛亂之中的反應。
2. **或許過去你已經在情感路上多次受傷**，是丈夫拋棄了你，是情人欺騙了你，令你內心傷痕纍纍，未癒的傷口還在淌血。這回你不想再受傷害，故此不能放手，不想再一次失去。
3. 不要著眼於對方怎樣決定，反而要**利用這次機會重新檢視自己在情感路上的經歷**，有甚麼需要反省？有甚麼需要醫治？是否由一段受傷的關係跳進另一段受傷的關係？是否利用目前的關係彌補內心的空虛？究竟你是愛對方還是想擁有對方？是否以為喜歡對方就等同愛對方？有很多人誤以為喜歡就是愛；喜歡一個人是想擁有他／她的，然而真正愛一個人是以對方的福祉著想，以造就對方的生命作考慮。

4. **讓對方有一個寧靜的空間**，不受壓力地考慮自己的問題。讓對方不用擔心你自殘或威脅他／她，安安靜靜地做決定。

5. 無論他／她的決定怎樣，**他／她亦有道義上的責任先處理與配偶的婚姻關係**，有的可能再給配偶一次復合的機會，有的可能需要用較長時間安頓配偶的情緒。若然你真的愛他／她，就讓他／她做回一個對婚約負責的人。

6. **是否決定等待**（或許對方復合成功，或許對方不知用上多少時間安頓配偶的情緒），**就端乎你的抉擇了**。一種沒了期的等待是令人難耐的，而你的情感也受了傷，需要處理。還有那份難熬的思念，都教人吃不消。有很多第三者在情侶離開自己後，變得自暴自棄，不斷否定和懷疑自己的價值。情感的創傷令人悲痛欲絕，但你必須重新肯定自己的價值，在情感創傷中站立起來，生命的意義和價值不在乎你的成敗得失。有很多人在情感創傷治癒後，生命得以昇華和改造；痛苦往往是成長的契機。

治癒情感的創傷

一段普通的戀情，若然以分手告終，也帶來種種哀痛，何況是一段錯綜複雜的婚外戀。是耶非耶、糾纏不清的情感，拉拉扯扯的張力，就更加令當事人疲累不堪。婚外戀過去，第三者也遭受情感的重創，心靈亦需要醫治。

1.重建自我價值

很多人都會用關係來肯定自己的價值，尤其是女性。姑勿論對方是基於甚麼原因離開了你，失去了關係就好像失去了自我價值。重新認定自我價值的由來，是踏上心靈醫治的第一步。

2.面對思念之苦

思念令人肝腸寸斷，令人失魂落魄。當情侶離開後，總是有一股衝動再接觸他／她。無論用甚麼方法，諸如分散注意力，與人分享傾訴等，讓自己熬過這些思念之苦。時間通常是治癒的良藥。

3.處理情感傷痛的後遺症

有些人不敢再信任親密關係，變得自我封閉，另一個極端是急急跳進另一段關係，好像尋找替身似的。其實痛苦的時候往往是人赤裸裸面對自己的良機，透過這個契機，讓自己更認識自己——了解自己的情感經驗，反思自己的情感依附模式，明白自己內心的渴求，知道自己對生命有何執著等；亦透過這個契機反思生命的意義和重新確立親密關係的定位和價值。

4.尋找這段傷痛經歷的意義

我認識很多情感受傷的人，若最終他們能跨越情感的傷痛而不致沈溺自憐，他們內心都有一個很強的信念，就是認定生命中的不幸、傷痛都隱含著祝福，每一段哀傷的經歷都有它的意義；懷著這個信念，把生命的咒詛化為祝福。

5.重新上路

歷史不能忘懷，但經過磨練的新我卻帶著歷練後的生命迎向新的一頁。

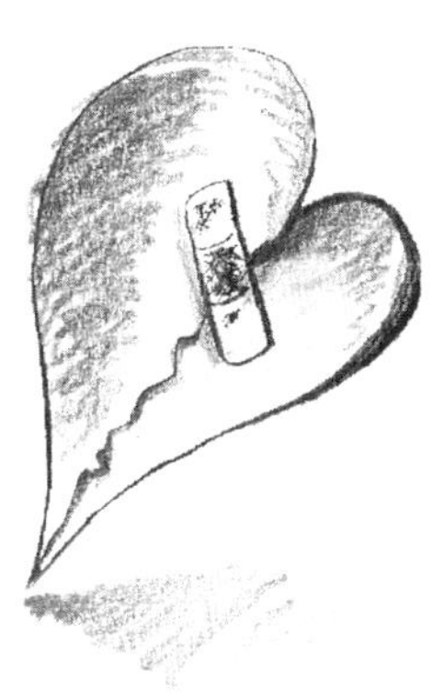

第6章

婚姻關係何去何從

甚麼時候做決定？

為婚外情解碼

甚麼時候做決定？

當婚姻中出現婚外情，夫婦關係會產生一連串的紛爭和磨擦，若然雙方不明白這是關係受傷後的結果，往往會使夫婦以為是對方的人格品性所致，把關係上的問題轉嫁在配偶身上。當戴著有色的眼鏡彼此相待時，關係會愈弄愈糟，在這段期間，會出現下列徵象：

1. **發生婚外情的一方**會覺得配偶不體諒他需要空間和時間來作決定，不斷向他施加壓力，在這時候又沒有人明白自己內心的矛盾，有時被逼到一個地步作出反攻，覺得配偶比想像中更差，再進一步美化了婚外情的戀人。
2. **受傷的一方**飽受被出賣和離棄的折磨，情緒極受困擾，有時不惜降低自尊哀求配偶回轉，有時又義憤填胸，甚至想報復，做出傷害別人和自己的事情，非但心理受到傷害，甚至覺得人格亦遭受嚴重的誤解。在這個階段，有些人會約見第三者，希望想辦法令他離開，可惜這些做法，進一步令配偶對自己反感。

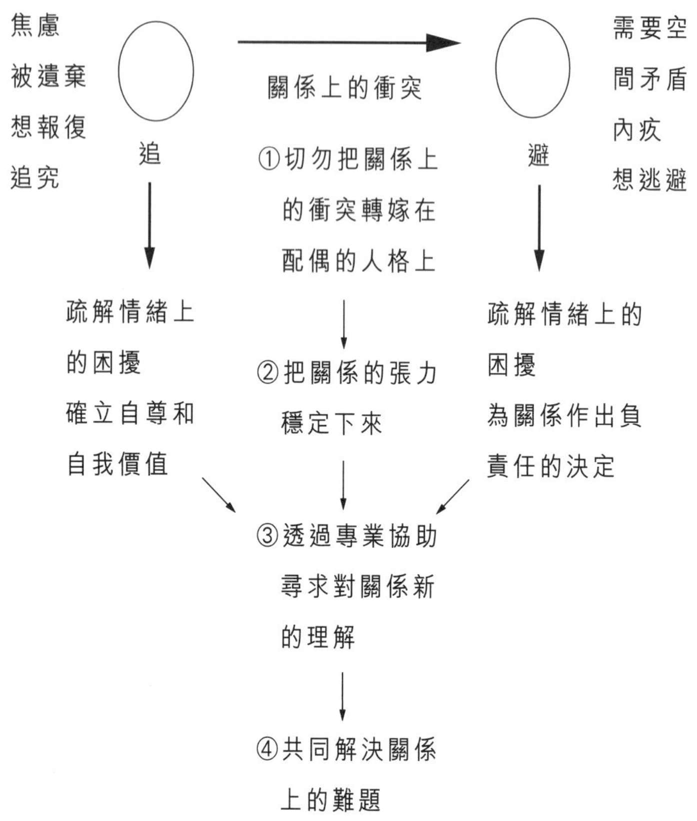

在紛亂期，是夫婦尋求協助最普遍的時候，他們飽受情緒上和關係中的折磨，往往想盡快作一個決定把痛苦早日結束；然而在情緒還在波動期間作決定是很容易後悔的。反之，夫婦首先需要透過協助，平伏波動的情緒，亦把關係中的張力穩定下來，從多個角度和層次理解關係上的問題，清楚明白自己和配偶，才作出一些負責任的決定。

為婚外情解碼

無論夫婦是否決定復合，都值得探討婚姻中的問題。雖然婚外情始終是個人的責任，但夫婦雙方都需要為共同的關係負責。

婚外情的出現，可能顯示個人或關係上的問題，適當地為問題定位，可以減輕創傷的後遺症，同時亦幫助夫婦負上各自應有的責任，減低不必要的內疚和指責。

在輔導室內，我們通常協助夫婦從不同的角度為婚外情解碼。

1.婚外情是在甚麼時候發生的

個人和家庭都有不同的成長階段，在個人的成長階段裏，我通常遇見中年人容易受婚外情的試探，在家庭成長階段中，便是孩子的成長期。事實上，要撫育孩子成材，夫婦要作出很大的適應和改變，尤其是在父親方面，當妻子全神貫注地應付孩子的需要時，很容易感到受冷落；而妻子為家中各人心力交瘁時，亦感到缺乏支持和體諒。另一個容易發生婚外情的階段，

是家庭的空巢期，在這個時候，子女已長大，夫婦覺得已盡了父母的天職，多年未解的積怨漸漸浮現，甚至懷疑枕邊人是否心中的至愛。子女成長後，是時候尋找心中的至愛了。

了解婚外情發生的階段，是讓我們明白夫婦現在面臨的挑戰，不要把誤會投射在配偶身上，以為一定是他出現了問題，以為只有在別人身上才可以找到滿足。人生階段不斷在變遷，成熟的愛讓夫婦在變遷的階段上適應和調節，適合不同階段上的需要。例如新婚夫婦習慣浪漫的二人世界，愛的表現在於雙方快捷地回應彼此的需要。在孩子出生後，夫婦的心力已放在小生命上，無法像往昔彼此全神關顧，這時候，愛的表現便在於體諒對方的限制和提供實際的協助。這些轉變，需要雙方產生理解和共識。若然某一方強調過往的關係模式，不接納實際環境的轉變，很容易便把埋怨投射在配偶身上，甚至覺得其他人要比配偶好，不明白這是階段上所產生的難題，並非純粹是個人的問題。

2.關係的互動形態

a.夫婦是怎樣溝通的。他們是否表達清楚自己的意思？家庭治療大師沙提亞提出的溝通形態對我們了解夫婦的溝通模式很有幫助。一般來說，夫婦有以下四種的溝通方法：

指責型——對方永遠是錯的。自己以為已經盡了所有責任，問題在於對方不跟自己合作，對方沒有盡上責任和本分。

討好型——自我價值偏低，很容易妥協和遷就，希望做任何事情來取悅對方。

超理性型——冷靜而固執，情緒是誤事的，必須以原則和規矩來處理事情，有輕視情感世界的傾向。

打岔型——「無厘頭」，輕率和不認真，以嬉笑怒罵的態度處事。[1]

我們多數是以這四種形態與人交往的，在一般關係中，大家避重就輕，或許可以相安無事，但在夫婦親密的交往裏，這四種溝通形態是無法滿足雙方心底的渴求。比方指責型的人往往覺得是別人的錯，表達時已經令人想遠離他，然而指責型的人心底是孤單和寂寞的，他們以為用指責可以使人親近自己，豈料指責更令人遠離他們，這種經驗使他們更加確立是別人的錯，亦更加不能獲得自己的需要。同樣討好型的人只顧別人的反應，忽略了自己的需要，在別人眼中根本無法了解討好型的人的內心需要，於是討好型的人內心感到委屈和孤單。

透過輔導，協助夫婦認識自己的溝通模式，是怎樣阻礙別人認識自己的內心需要，亦怎樣令自己無法表達內心的渴求，從而了解不是眼前的配偶刻意令自己失望，若然是溝通上的問題，便可以學習以更真誠的方法溝通，以表裏一致的溝通模式來與配偶相處。

b.除了溝通形態外，夫婦亦可以了解**他們是怎樣處理個人空間和親密的需要**。

另一位家庭治療大師鮑恩（Bowen）[2]探討親密關係時，了解到人有與人親密的渴求，同時亦有保持個人空間的需要。每人需要多少個人空間，需要多少親密就要視乎他們的成長經驗和氣質，夫婦經常因這兩方面不同的需求而產生矛盾。例如妻子期望丈夫每樣事情都與自己分享，在她來說，親密關係是一切都共享的；但在丈夫來說，保持個人空間是相當重要的，他不習慣每事稟告，這樣做令他有很大的約束感，若然在這方面夫婦不能達至理解和共識，便會產生誤會；由於丈夫長期覺得受到約束，發展了一段婚外情，這段情緣令他尋回一種空間的感覺，做回「真正的自己」。在輔導室裏，我經常碰見遇上婚外情的人，都說要尋回失去了的自我，在他們的經驗裏，婚姻令他們感到十分約束，日子久了，好像覺得失去了某部分的自己，而在婚外情的關係中，就讓這部分已經失落了的自我重新活現。

了解夫婦二人怎樣處理親密需要和個人空間，讓夫婦有機會重新調節雙方的距離，不一定要透過別的關係才可以活出「真正的自己」。

c.夫婦是怎樣解決問題的。一般來說，解決問題有兩種不同的取向，第一是以事為導向，另一種是以情為導向。在輔導室裏，經常聽見夫婦投訴另一方只顧分析事理，不明白在分享時情緒上的支持更為重要；但在分析事理的一方來說，協助配偶實際上解決問題不是更為可貴嗎？由於雙方抱有不同的取向，在溝通時各取不同的重點，長期下去，大家感到關係已缺乏分享的話題，除了日常要處理的事務外，已無別的情趣，開始感到關係淡而無味，而婚外情便可以提供新的刺激。

為一段淡化的感情重新燃點愛火是夫婦共同的責任，若然夫婦願意重新激發愛的火花，就更能活出堅貞的愛情。

d.明白夫婦不同的氣質。有一個人格氣質（Enneagram）的理論，描繪了不同人的氣質、情感反應及表達方法。例如有些人是傾向用退縮和逃避的方法來面對困擾，而有些人則用進取和行動來面對困難；夫婦經常出現一種你追我避的互動模式，慣用逃避方法的人，內心充滿恐懼，愈是感到壓力，愈是退縮，對於一個進取行動型的人來說，對方的退縮令自己焦慮不安，更加強他的進取動力，希望做一些事情來解決問題，可惜這些行動再進一步令對方退縮。例如丈夫為了息事寧人，在妻子發脾氣時，寧願看報紙看電視。面對逃避的丈夫，太太感到不論她怎樣聲嘶力竭，丈夫也聽不到她的呼聲，內心充滿難過和無助的感覺。

明白自己和配偶的氣質讓我們懂得怎樣回應彼此的需要，不會停滯在自己慣常的反應方法上，令關係進一步惡化，最後誤以為透過婚外情便可以找到一個更懂得面對自己的人。

e.夫婦是怎樣處理頹喪和失望的。在親密關係裏，失望和頹喪是必然產生的，尤其是現代夫婦對婚姻的期望甚高，加上周遭的支援網絡瓦解，對婚姻構成更加嚴峻的壓力。即使雙方有一流的溝通技巧，都未必事事如意，那麼夫婦處理失望的方法便相當重要。有些人認為若然是對方令我失望，他便有責任和義務做一些事情來安慰自己；若然做不到，埋怨便產生，又或是千方百計令對方臣服在自己的意願下。這種要求別人要為自己的失望負責的想法，對關係的傷害甚大，每個人都是不同的個體，有不同的願望和喜好，不是做每樣事都會令自己喜歡的，若然做不出自己期望的事情便失望，失望後又要由對方負責，就出現了操控的情況；故此我們可以失望，也可以表達失望的情緒，但不一定要求別人順應自己的願望，失望的情緒必須由自己負責，由自己學懂處理，雙方才可以建立成熟的關係。

有些人以為在婚姻關係累積了太多失望，便重新尋求別的關係來滿足自己的需要，這是物化了身旁的人，不能尊重他們的異同。婚姻關係是讓我們學懂更加接納別人，培養我們成熟的情感，練出更加成熟的愛。

3.其他環境的影響

婚外情在某個特定時空的出現，也要了解它身處的周遭環境。有些夫妻關係一向都相當穩定，但因著外來環境的衝擊，令關係承受不了壓力而瓦解。比方金融風暴，令很多夫婦的收入銳減，經濟壓力令夫妻的脾氣也差了，構成關係上的磨擦；因著了解其他環節帶來的衝擊，不會把問題個人化了，同樣亦體諒雙方在此階段的變化是情緒上未能適應環境所致，不會把矛頭直指對方的人格和尊嚴上。

有時因著其他環節的影響，在關係上得不到足夠的支持，便容易透過別的關係來滿足。適當地把問題定位，讓我們了解目前的困難是短暫和過渡性的，夫婦攜手共渡難關，要比逃走或另覓他途，更顯得崇高和值得尊敬。

為婚外情解碼，是讓夫婦了解問題的癥結，然後為自己和為別人作出負責任的決定，這個決定是考驗我們愛的能力，更加是考驗我們道德的力量。

註釋

1 參Satir, V., et al, *The Satir Model－Family Therapy and Beyond*,（Palo Alto: Science & Behaviour Books, 1991）。

2 參 Bowen, M., *Family Therapy in Clinical Practice.*,（N.J.: Jason Arnson, 1994）。

參考書籍

1. Riso, Don Richard with Hudson, Russ, *Personality Types: Using The Enneagram for Self-Discovery*,（N.Y.: Houghton Mifflin Co., 1996）.

第7章

若能重修舊好

二人探戈

重建信任，克服嫉妒

解開內疚的枷鎖，哀悼逝去的愛

彼此饒恕

打開心窗

發展更成熟的愛

二人探戈

當夫婦決定重建關係，發生婚外情的一方必須停止與第三者接觸，因為保持著兩段關係而重建婚姻是沒有可能的。重建關係的過程中，充滿掙扎、不安的情緒，若繼續與第三者保持所謂「友誼」，很容易便放棄重建的挑戰，轉投第三者的懷抱。至於被出賣的一方，也需要下定決心，朝向重建的目標邁進，否則在重建的過程中，會充滿報復和仇恨的情緒，在這時候，便靠著認定目標的動力，協助自己越過趑趄。夫婦二人需要留意一連串的心理和行為反應，以致當問題出現時，用適當的態度面對它。這時候專業的協助十分有用，因為當兩人都被強烈的情緒籠罩著，一個中立而又專業的第三者能夠協助夫婦調節步伐，以及探討關係中的問題。

在復合初期，或許有段甜蜜的時間[1]，有些夫婦會結伴同遊，重溫蜜月的感覺，有些甚至想再添孩子，以示雙方復合的決心；然而蜜月的感覺過後，舊有的創傷會慢慢浮現出來。

在復合期間，夫婦都有各自的困擾：

發生婚外情的一方	配偶
• 內疚	• 焦慮，恐怕再被出賣
• 自我保護	• 懷疑：不斷詢問配偶的行蹤
• 不能表達的憤怒	• 自尊受損
• 哀悼往昔的情人	• 嫉妒：詳細查詢第三者的事情
• 抑鬱	• 憤怒
	• 哀悼打破的美夢

由於各自內心都充滿複雜的情緒，有時未能好好分辨，矛盾便會轉嫁在關係上，再加上原本已經存在的關係問題，情況就更加混亂。

另一方面，雙方都盼望配偶明白自己的痛楚，於是會出現爭持的局面，有時無論怎樣表達自己內心的掙扎，對方也不能體諒。在這段期間，大家都要有各自的空間，分辨和認識自己內心的情緒，然後處理它、疏解它，在情緒平伏下來時，再討論關係上的問題。

重建信任，克服嫉妒

曾經被出賣，內心很自然會充滿恐慌，更何況出賣自己的竟是自己最信任的人，打擊就更大。內心滿是焦慮，恐怕再次被出賣，於是對配偶的一舉一動就特別留意，要知道他的行蹤，要知道他與誰聯絡，很微小的事情也會引起猜疑。不斷的查問有時會引起配偶的反感，覺得一點私人空間也沒有，況且誰會喜歡被懷疑的感覺？要重建信任，很需要夫婦共同合作。

有人曾經問筆者，既然是受了傷，對方出賣了自己，為何還要費煞思量，刻意地重建信任？她寧願要對方不斷向她證實，直到她再有信心為止。當時筆者的回應是，若她以不信任為基礎，總會給她發現一些令她沒有信心的地方，無論她的丈夫怎樣，也不能再給她信心。親密關係的基礎在於信任，重建信任的意義和價值不是在於對方是否可信，而是我們認定信任的價值，透過信任，我們投入關係，我們透入生命，讓我們真真正正地活一次，即使這可能會帶來另一次的傷害。我們或許不能得到任何外在的保證，然而真正的安全感，是發自內心的，不是靠保證，而是靠對信任的執著。在具體的配合上，筆者有下列的提議：

1.有婚外情的一方，**承認對配偶的創傷**，甘心樂意做點事情來協助他重建信任。

在這段期間，容許配偶表達他的憤怒、矛盾和傷害，在這些感受的背後，是一顆受傷的心靈，因為他太重視你，太怕失去你，才會受這種打擊，有這樣的表現。不要定睛他經常反覆的情緒，諸多盤問的行為，用體諒來了解他的需要，用勇氣承認他的創傷，這樣做會加速重建信任的過程。

2.被出賣的一方**想清楚自己的需要**，在一個合理的時空下講出自己的要求，例如在一個月內，配偶需報告行蹤、要配偶肯定對這段婚姻的承諾、要配偶做某些事情來表達愛意……等等，講出的要求要具體，且有時間上的限制。當配偶做得到時，便決心再信任他。

在這個階段，很容易會被憤怒和受傷的情緒吞噬，長期沈溺於不信任的狀態，或許我們需要問自己這些沈溺是否要用來控制對方？是否用來報復？用來證實對方的錯？用來討回公道？[2]有時不自覺在這些需要上打滾，忘卻了重建信任和重修關係的重要性。

3.在重建信任期間，雙方都**不可以做任何事情再次破壞信任的基礎**。

在已經脆弱的關係上再次破壞信任，有如一個施了手術的人再次受傷一樣，傷害會比第一次還要深、還要痛。重建信任是極需要時間和耐性的，沒有快捷的蹊徑。在這段期間，雙方必須堅守重建信任的承諾。所謂信任，是雙方對彼此的關係都有一定的假設，例如你曾應允不再見第三者，即使有多大理由，都不可以這樣做，否則便破壞了共同的假設和理解。另一方面，連串的謊言是破壞信任的致命要素，謊言令對方不知可以相信甚麼，不知怎樣理解彼此的關係。有第三者的一方需要為過去的謊言道歉，同時要協助配偶重建一個穩定的理解，還要有心理準備，即使再說真話，對方也會懷疑，這時候，不要惱對方，反之要接納他的情緒，這是自然的現象。驚弓之鳥需要一段很漫長的時間才會重建安全感，這個階段，最怕是缺乏耐性，由缺少耐性而滋生怒氣，情況便更加複雜。

除了信任外，對受傷的配偶來說，便是自尊的打擊，覺得自己有些地方不及第三者，既憤怒，又充滿嫉妒。一般的反應是不斷追問配偶與第三者的交往，他們曾經交心的對話，他們曾經到過的地方，甚至他們的性行為是怎樣的，自己有甚麼比不上他；有些問題可以非常深入，致令配偶想避而不答。要處理這些不斷的追問，最好有專業人員協助，否則這些追問會構成關係進一步的磨損；要處理這些盤問，須留意數點：

1.盤問的目的是甚麼？是為了重建信任還是揭開更多瘡疤？受了重大打擊，出現了盤問的傾向，是希望透過種種蛛絲馬迹，檢視有甚麼地方自己曾忽略了。若然掌握了這些訊號，便以為可以避免再有下一次，重新尋回掌控事情的感覺。然而這種盤問，往往非但不能令我們更能掌握事情，還會破壞了關係。故此認定盤問的目標是十分重要的。若然盤問是為了重建信任，那麼查問的一方需要由質詢性的態度轉為體諒性的態度。[3]質詢的態度只會增加更多疑慮，再一次證實配偶是不可信的；體諒的態度是視對方為一個有血有肉，有掙扎有限制的人。他曾經跌倒，他同樣需要別人的接納和寬恕。體諒的詢問可以加深夫婦的情感聯繫。

2. 被查問的一方**可以期待寬恕**，但**不可以要求寬恕**，或是責怪對方不能寬恕。婚外情始終是背棄了婚姻的盟誓，要寬恕這方面帶來的創傷，決定在於受傷的一方。

3. 受傷的一方經常查問第三者的情況，然後作出比較，是**希望重建受了傷害的自尊**。這種做法，非但幫助不了，而且更傷害了關係和自我價值。若然查問是為了確立自我價值，可以透過別的途徑，甚至可以反省為甚麼需要透過與別人比較來確立自尊。上天創造我們的時候，已經賜予我們不可置疑的價值，藉著受傷，我們與創造我們的造物者相連，重新體會祂的慈愛。

4. 不斷查問亦**顯示了關係出現了部分的真空狀態**。有些夫婦在發生婚外情前，已經沒有甚麼可以分享的話題，婚外情帶來了衝擊，同時亦帶來了話題，沒有情感的關係比有衝突有話題的關係更難忍受。昔日是第三者成為夫妻的困擾，今日是不斷的盤問成為夫婦的障礙，只有把盤問的情況控制下來，才讓夫婦有機會真正面對他們關係的問題，否則查問的內容已佔了夫婦大部分空間，可以說成為另一個第三者，夫婦又怎可以騰出心力空間來處理他們關係上的難題？

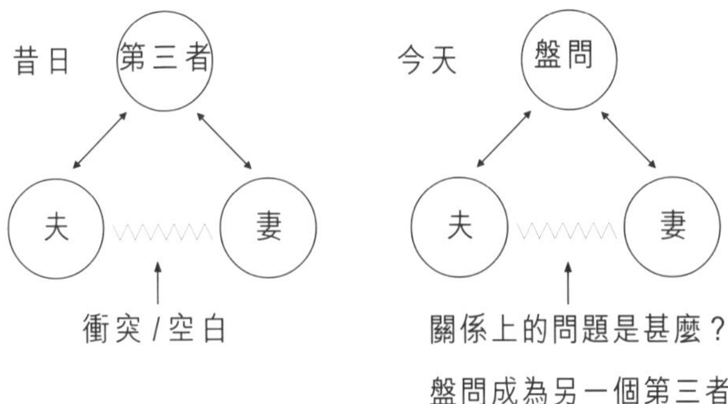
昔日
第三者
夫
妻
衝突 / 空白
今天
盤問
夫
妻
關係上的問題是甚麼？
盤問成為另一個第三者

解開內疚的枷鎖，哀悼逝去的愛

經歷了一番內心掙扎，終於決定重投婚姻的懷抱，但解不開內疚的煎熬，更加放不下曾經愛過的人，內心的痛苦難以得到別人的體諒和共鳴，便感到抑鬱。根據一項調查[4]，曾經涉及婚外情的一方比配偶更容易感到抑鬱。況且是自己做錯了事，即使在婚姻中感到不滿，也好像沒有資格吐出心中的不快；內心有千千結，怎樣把它解開？這亦需要夫婦共同合作：

1. 受傷的一方容許配偶經歷**一段時間的哀悼**，不可以期望愛火可以即時重燃，當看見他鬱鬱不歡時，給予空間，而不是催逼和怪責。
2. 涉及婚外情的一方**找一個可以信任的人**，例如是輔導員，吐出心中不可以向配偶傾訴的不滿，亦可以分享哀悼第三者的心情。
3. 勇敢地**面對自己的內疚**，不退縮，不反攻，誠實面對自己的軟弱和對別人造成的傷害，然後懺悔和尋求饒恕，包括了配偶和第三者。

4.投入地**與配偶了解關係中的問題**，表裏一致地表達自己的經歷，不是為自己的婚外情辯護，而是認真地探討關係上的問題；以前曾經用婚外情作為解決的途徑，今日便與配偶攜手面對。

5.**接納自己**，或許做了很多對不起別人的事，但仍可尋求饒恕，清楚認識我們所犯的罪，是令我們更謙卑，原來自己是不外如是的，由謙卑而產生對人的包容，因謙卑就更加體會造物者的慈愛和偉大。

彼此饒恕

婚外情的出現，很多時顯示了婚姻中的問題，非但是涉及婚外情的一方造成對配偶的傷害，需要尋求饒恕，即使受出賣的一方，也需要勇敢地面對過去在婚姻中自己曾造出對配偶的傷害，尋求寬恕，只是大家需要饒恕的地方不同。這樣做，不是要追討責任，或是互相指責，而是雙方正視彼此的傷害，而達致一種釋放和體諒。當對方尋求自己的饒恕時，更加不可以自義，反之是用體諒的心情，接納對方的限制和軟弱；彼此包容，彼此接納，大家的親密關係便可以達到更深入的層次。

通常雙方可以尋求饒恕的地方包括：

<u>婚外情的一方</u>

- 曾經打破了諾言，連串的謊言，出賣了對方的信任
- 沒有尋求解決問題的其他途徑，而用了第三者，傷害了配偶，亦傷害了第三者

<u>配偶</u>

- 在配偶需要自己時，不能給予恰當的支持

- 把配偶與第三者比較，傷害了配偶的自尊
- 不了解配偶的需要，聽不到他的痛苦

饒恕的歷程

1. 在輔導員的引領下，彼此有機會**正視困擾著自己的情緒和思想**，這個階段很需要一個中立的第三者在場，因為沒有這個外來的力量，雙方很容易陷入彼此指責和攻擊的爭戰。
2. 在確認情緒之後，開始**檢視情緒背後，那些真正令自己困擾和憤怒的事情**，可能是關乎自己、關係或是對方的。例如受傷的一方對配偶在發生婚外情期間大話連篇，十分憤怒，在不斷反省下，發現困擾他的事情是無法肯定自己在配偶心目中的重要性。除了要對方道歉外，還要知道怎樣肯定自己在配偶心目中的重要性。在這時候，配偶可能也會表達他在這段關係中表達真相的困難，每每當他想表達心事時，對方便會顯露不悅之色。探討甚麼因素令真相難於表達，了解關係中溝通的困難，明白個人情緒受困擾的地方。這個歷程，有如抽絲剝繭，一層層把外圍的情緒觀感揭開，發掘核心的問題。
3. **承認自己的限制**，以及需要負責任的地方。例如在婚姻中不斷忍讓，誤以為是保持和諧的惟一途徑，但對方永遠沒法知道你的內心世界，因此不是要怪責對方沒有留意你的需要，而是承認自己缺乏表達能力。清楚了解自己的限制，不把責任加諸於人。又或是一方太留意自己的需要，沒有給予對方

表達的空間，便需要為自己不能自限而負上責任。

4.清楚知道**自己要負上責任的地方**，內心的掙扎、情緒底線、需要等，清晰地用非指責的態度表達出來。

5.**彼此輪流聆聽**，用心明白對方的意思，加上同感（empathy）的回應。同感是感同身受的意思，用易地而處的態度來了解對方的感受和思想。

6.**明白對方的意思**，體諒對方的掙扎和限制，「看」到對方，是一個有血有肉，有感情有思想，有善良的動機，同時亦有很多限制的人。體諒的產生，是出於對對方立體的認識，而不囿於此時此刻的行為表現。

7.**誠懇地向對方道歉**，化解彼此積存內心的憤怒，彼此接納。

當彼此放下內心的仇恨和憤怒時，便可以積極解決關係上的問題，在第五章「為婚外情解碼」一欄中，已羅列了關係可能出現的問題在哪裏。夫婦可以透過輔導員的協助，在適當的範疇裏積極尋求改善辦法，例如學習溝通技巧、改變解決問題的方法、重新調節彼此的親疏遠近等。

有時婚外情的出現，非但揭示了關係上的問題，亦揭示了一些個人成長經歷的創傷。人的早期經歷，在在影響他們怎樣與人建立親密關係。[5]早年不能建立穩定及安全的依附關係，長大後便會容易在親密關係中產生不安全感及矛盾。在親密關係中，大家赤誠相見，若昔日經歷不安全的親密關係，便會影響今日的婚姻。了解舊日的創傷，不是用來推卸責任，或是尋找詬病的對象，而是夫婦共同面對舊日的創傷，透過包容和接納，令關係成為彼此醫治的場所。

打開心窗

在揭示婚外情的過程，在彼此面對關係上的問題，在了解舊有的創傷時，夫婦的關係便漸趨深入。很多夫婦的內心是渴求彼此親近的，但受著種種個人、關係及環境的屏障，令兩人無法心靈互通，結果尋找了第三者作為橋梁。昔日配偶與第三者的關係隱藏了很多祕密，今天當夫婦的關係改進時，第三者的神祕感便漸趨淡然，繼之是夫婦的心窗打開得更大，有了更深刻的聯繫。

有很多經過婚外情的考驗而決定重修舊好的夫婦，彼此付出誠意改善關係，關係往往要比發生婚外情之前更親密。

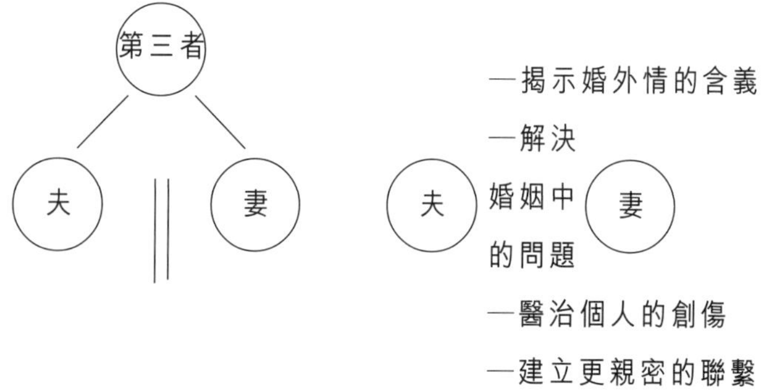

發展更成熟的愛

經過了婚外情的震撼，揭示了婚外情在關係上的意義，進而對症下藥，解決關係上的問題。在這些解決關係問題的方法上，進深一層的，是夫婦共同發展成熟的愛。這種成熟的愛，是跨越了滿足需要的層次，進入了承擔彼此生命的階段。這個歷程是怎樣產生的？

人自出娘胎，便有與人產生情感聯繫和依附的需要，心理學家安斯沃思和鮑爾比便是研究這方面的專家。他指出孩童十分需要在情感上依附照顧他們的人，通常是母親，母親的反應，令他們產生不同的經驗：

1. 由於照顧孩童的人，**不是經常都能給予孩子穩定的回應**，有時能力許可，便滿足孩子的需要，有時能力不及，諸如精神欠佳，情緒不穩等便無法滿足孩子的需要，甚至是帶有條件地要孩子服從，才給予愛與關懷。孩子在這種照顧下，無法預計甚麼時候照顧他的人會愛他，甚麼時候會拋棄他，便會產生矛盾、不安全感，害怕被遺棄。這樣長大的孩子，長大後與人建立關係，經常出現矛盾的表現，一方面是害怕展示自己的脆弱，另一方又渴求與人親近，情況就如一手把別人拉近自己的身邊，但另一隻手又推開別人。在親密關係裏，經常抱懷疑的態度，需要配偶不斷保證，證實對自己的愛意，同時又害怕失去關係，不斷用方法使對方有回應，還帶有點擁有對方的動機；在有些極端的情況下，會令對方感到窒息。

2.另一類孩童，**經常處於被忽略的狀態**，沒有人會特別留意他們的需要，不論他們怎樣表現，照顧他們的人總是忽略了他們，沒有回應他們的需要。在這情況下長大的孩子，長期處於孤單的狀態，慣於自己獨處，長大後，在心靈上便需要很大的個人空間，好像不需要別人似的。他們的配偶，經常投訴他們沒有反應，總愛自己一個看報紙、看電視，有甚麼也不會分享，愛把事情藏在心底，若遇上一個需要在情感上親近的配偶，他們便會逃避躲藏起來。

3.最後一類較幸運的孩童，父母給予**適當的照顧和回應**，使他們建立了安全感，父母亦懂得在他們成長的過程中，給予愛中的限制，讓他們認識自己與周遭環境的分別，既愛惜自己，亦尊重別人。在這種氣氛長大的孩子，心裏充滿安全感，信任別人，不猜疑，亦能對親密關係作出適當的回應。

很可惜，大部分人是在第一和第二種環境中長大的，不是我們的父母故意這樣做，而是多數出於無知、限制、心力交瘁。要發展成熟的愛，首先便要了解自己與人建立親密關係的形態。

在我們擇偶的時候，往往是出於一種潛在的心理力量，過去的經驗從來沒有失掉，忘記了不等於失去，只不過是藏在我們的潛意識裏，在擇偶時，便發揮了巨大的影響力。在輔導工作中，夫婦經常投訴配偶與自己不同，文靜的太太會選擇了好動的丈夫，愛說話的選了一個寡言的，急躁的會選了一個「豬油飽」，愛理事的選了一個漫不經心的……結婚前是被對方的差異吸引了自己，結婚後便投訴這些差異，若是了解這是一種心理力量的驅使，或許令我們較容易接納對方與自己不同。

浪漫的感覺淡化下來，對方吸引自己的地方成為我們投訴的重點，這時候便是發展成熟的愛的時候了。從關係中的失望，我們開始認識自己與人產生親密關係的形態與自己心靈的欠缺。這些認識，不是逼使對方改變來遷就自己，反之是認識自己，為自己負責任的歷程。一個在情感上需要不斷接受回應的人，經常抱怨對方忽略自己的需要，不斷催逼、投訴、甚至在情緒上要脅對方，希望得到自己想要的回應。要發展成熟的愛，這人便要學習建立安全感，學習放手，甚至學習忘己地留意別人的需要，跳出自己的框框，認識對方不是滿足自己需要的工具，這些學習，可以從認識自己的童年經驗，了解自己怎樣受制於這樣的經驗而失去了自由自主的能力而來。自己受制的地方，便是心有餘而力不足的地方。我們就是靠不斷的自省和擴展，更能為自己負責，更能看到別人的需要。

對於一個慣於退縮的人來說，便是培養自己接觸別人的勇氣，接觸或許會帶來傷害，然而退縮就只會限制了自己的成長。

不要讓昔日被忽略的痛苦成為一生的烙印，突破這些成長的囹圄，才能有成長蛻變的一天。

愛的轉化，在乎一種經驗在生命中沈澱、洗滌，獲得了情感的根基，才可以發展成有情的道德力量，兩者是結連的。沒有情的道德是教條，沒有道德的情是放縱。在談及婚外情時，很多人硬用道德教條加諸在當事人身上，結果令他們反感，但另一極端，是當事人毫無道德的規範，只顧情欲的放縱，表現出自我中心的行徑，成熟的愛是有情感基礎的道德意志力量，兩者是結連、不分割的。

婚外情對婚姻的打擊，讓夫婦藉此認識自己愛情、情感、道德能力發展的階段，才可以轉化和整合。這方面的成長，不單是關係的成長，更是彼此生命的成長和轉化。

註釋

1 Scharff, D.E., "Truth & Consequences in Sex and Marital Therapy: The Revelation of Secrets in Thesapentic Setting". *Journal of Sex & Marital Therapy*, 4（1978）, pp. 35 ~ 49.

2 參Casarjian. R., *Forgiveness—A Bold Choice for a Peaceful Heart*（N.Y.: Bantam Book, 1992）。

3 參 Glass S.P. & Wright T.L., "Reconstructing Marriages after the Trauma of Infidelity" in W.K.Halford & H.J.Markman（eds.）*Clinical Handbook of Marriage & Couples Interventions*,（N.Y.: John Wiley & Sons, 1997）。

4 Beach, S.R., Jouriles, E.N. & O'Leary, K.D., "Extramarital Sex: Impact on Depression and Commitment in Couples Seeking Marital

Therapy", *Journal of Sex & Marital Therapy*, 11 (1985), pp. 99 ~ 108.

5 Ainsworth, M.D., "Attachment: Retrospect and Prospect", In C.M. Parkos & J.J. Stevenson-Hinde (eds.), *The Place of Attachment in Human Behaviour*, (N.Y.: Basic Books, 1982), pp. 3 ~ 30.

參考書籍

1. Hazan, C. & Shaver, P., "Conceptualizing Romantic Love as an Attachment Process", *Journal of Personality & Social Psychology*, 52 (1987), pp. 511 ~ 524.

第8章

倘若未許白頭

往者已矣

饒恕的歷程

單身生活

再見亦是父母

往者已矣

有時即使盡了一切努力，都不能挽回破裂的婚姻，配偶始終要離開，這是一個沈重的打擊，會造成嚴重的創傷。究竟可以怎樣面對這個創傷？傷害是需要時間醫治的，然而有些人被困於這種傷害十年八載之久也不能康復，故此我們要理解這些傷害的一些特徵，亦嘗試探討康復的過程。

婚姻除了是一種契約外，也是一種深刻的情感關係。關係經歷兩至三年便可以令雙方產生完全的情感投入[1]；一旦要從投入了的情感關係抽離出來，會經歷撕裂般的痛楚，亦會做出在別人眼中非理性的行為，有時甚至連當事人都不明白自己的反應。我有一位親戚，他告訴我這種痛楚有如從他的心臟撕掉了一塊肉；他曾入院受過肉體上的痛苦，但這種被遺棄的痛還要比肉體上的痛苦多出十倍。

英國著名的研究員鮑爾比曾著力研究人是怎樣面對失去的情感關係，他的重點雖然是放在孩子身上，但後來很多人都用他的研究成果來了解成年人。

當人在關係上產生了依附（attachment）的感覺後，一旦被逼離開，便會出現反抗的情緒，主要是焦慮和憤怒[2]。人會因失去後的結果而焦慮，因被人遺棄而憤怒，就筆者觀察，這些憤怒的情緒可以令人發展報復的心態，由於太痛了，很想那傷害你的人也嘗嘗這種痛苦的滋味。這種痛亦會令人茶飯不思，內心充滿嫉妒，無論配偶與第三者的關係實際上發展到甚麼地步，亦會覺得他們樂在其中，內心的怒火便進一步燃燒。

另一個沈重的傷害是自我價值被摧毀，自己好像變成被挑選的貨品，配偶選了另一個，自己豈不是較差的那個？怎樣面對被貶的自我價值？自己已經用盡種種方法，希望博得配偶的歡心，但無論怎樣做，配偶依然離開，當事人又再面臨進一步的傷害。

在這些疼痛的煎熬下，當事人為了早些結束痛苦，通常會做出很多不成熟的決定，例如急於辦妥一些法律手續，以為弄妥了離婚手續，便可以讓自己重新開始。然而抽刀斷水水更流，很多在倉卒的情況下辦妥離婚手續的人，日後會後悔，不斷反問自己是否過於衝動。被遺棄的痛苦已經令人熬得太辛苦，還要加上後悔的情緒，就好像在創傷的心靈再插上一刀。

又有些人不能面對離異的痛苦，急於跳進另一段關係中，這種做法，有如頭痛吃頭痛丸，即時獲得舒解，但頭痛的根源未治，過後又再復發。由一段受創的關係急於跳進別的關係，往往造成很多日後的悲劇，因為舊有的傷痕未清，新的關係很難健康地發展，於是又再面對另一次痛苦的打擊。

內疚亦是在這個階段經常出現的情緒。為甚麼會內疚？明明是配偶離開，被遺棄的一方又會為啥而內疚？很多當事人表示，他們會在腦袋中經常尋根究底，希望找出婚姻出現第三者和破裂的原因，是否自己做錯了事情？是否自己過於疏忽？是自己不好嗎？當經常問自己為甚麼為甚麼的時候，便會出現自責的反應，怪責自己當初沒有做甚麼甚麼，或是太過大意，又愧於面對家人孩子，好像是自己做錯了，留不住配偶。

打擊過後尋根究底是人的自然反應，但是我們必須分清內疚感的性質，有些是無謂的自責，有些是需要懺悔的，在情緒激動的當兒尋找原因，會令人過於自責，有時須待情緒平伏過來，讓自己誠實面對自己，才能知道需要內疚的地方是甚麼。

經歷一個階段的反抗、憤怒、焦慮、內疚，當情緒慢慢平伏下來時，便會進入頹喪的階段。當事人會退縮、被動、抑鬱[3]，很多當事人表示，他們會覺得做甚麼也是枉然，事情變得荒謬。一個相處十載的人也會驀然離去，還有甚麼可信？一向相信的東西都不復存在，於是感到頹喪、抑鬱，做甚麼也不會起勁。

頹喪的反面就是狂喜，有些人突然會變得玩世不恭，從前所珍惜的東西變得荒謬，不如今天有酒今天醉，用笑聲掩蓋流淚的心情，用玩世不恭面對沈重的生命經歷，周圍的人以為當事人已經痊癒，但這不過是頹喪的反面，傷口還在淌血。

對很多人來說，最難抵受的莫過於孤單的情緒，無論過往的關係是好是壞，總是有個伴，一旦配偶離開了，身旁好像少了些甚麼，尤其是夜闌人靜的時候，更加難以抵受寂寞孤單的情緒。

過渡了這一切階段後，便會從過去的情感關係抽離出來，根據韋斯[4]的說法，人會經歷三種的接納，包括認知的接納（cognitive acceptance），就是在頭腦上為所失去的關係作了一個因果的解釋，好像明白了箇中的原因，然後便會在情緒上慢慢接納下來（emotional acceptance）；情緒上的接納是當事人不會產生過激的反應，用抽離的心情面對整件事；到最後是身分的改變（identity change）。昔日兩夫婦總被人聯想在一起，自己也確認自己的身分是某人的丈夫或太太，是某人的女婿或媳婦，甚至有共同的朋友圈子。離異後，就要重新認定自己的身分。當不再是某人的丈夫或太太時，自己又是何人呢？這便是身分的重新確立過程，在過程中，重新建立新的社交圈子，釐清昔日親朋戚友的關係。

從離異的情緒中康復，急也急不來，一般需要三至四年的時間[5]，在這段期間，容許自己的情緒時有起伏，容許自己軟弱下來，尋求適當的支持，以平常心面對這沈重的苦楚。

饒恕的歷程

被人遺棄了，被人出賣了，幹嗎還要饒恕？有很多人會說：「我會恨他一生一世。」仇恨在內心積存起來，好像成為內心的塵埃。當事人放不下舊有的創傷，每一天都好像活在過往的世界裏，陳舊的歷史包袱成為每天的屏障。仇恨最終的受害人是自己，能夠饒恕是釋放自己的途徑。

然而怎樣饒恕？在未展開饒恕的歷程時，我們先要確定饒恕的價值，因為饒恕是一種意志的行為（an act of will）。[6] 在饒恕的過程中時有種種不忿、憤慨的情緒，若未能確定饒恕的價值，便會給這些情緒吞噬，在饒恕歷程的中途放棄了。

確立了饒恕的價值，便可以開展這個心路歷程。第一步是清楚理解所受的傷害。究竟當配偶發生婚外情而離開後，對我們的打擊在哪裏？從筆者的觀察，通常有三方面的打擊：

1. **打破了我們的美夢**：很多人是帶著追求美滿家園、幸福婚姻的夢想進入婚姻，發夢也想不到會遭受婚外情的打擊，這個打擊好像是否定了追求的目標，以致覺得做甚麼也沒有意義。

2.**摧毀了自我價值**：我們是怎樣肯定自我的價值？大部分人肯定自我價值的方法是靠別人的認可和接納，尤其是親密的人。配偶另覓佳偶，彷彿是告訴我們，我的價值已不復存在，被貶的自我價值亦拆毀了自尊，感到自己一文不值。

3.**動搖了過往堅守的信念**：我們做人處世，都有一套穩定的信念和價值觀，例如我們相信我們所信的人不會出賣自己，例如我們認為只要對人好，別人也會善待自己。婚外情的打擊，是動搖了我們一向理解事物的信念，究竟人是否可信？究竟世間還有真愛嗎？動搖了這方面的信念，令我們不知如何面對往後的人生，一次的打擊令我們懷疑是否可以再信任人，令我們懷疑是否再願意投入真感情。

清楚了解自己的傷害，然後接觸自己受傷的情緒。現代人對於接觸情緒感到非常陌生，因為大部分人都習慣把情緒發洩，又或是用種種方法分散注意力，不讓自己接觸情緒。原來容許自己與情緒接觸，非但不會被情緒所困，反而會使情緒慢慢融解。

接觸情緒不同於沈溺在情緒中，沈溺是讓自己胡思亂想，不停追究責任，若不是把矛頭指向人，便把矛頭指向自己。沈溺是不放過人或是不放過自己的狀態，而接觸是認領自己的感覺（沙提亞），毫無價值判斷，是傷心便承認傷心，是憤怒便承認憤怒，亦不探究原因，純粹是赤裸裸地與自己的情緒相遇，不推掉它們，完全認領這是屬於自己的情緒。

理解清楚自己所受的傷害，認領自己的感覺，便可以重新檢視自己一向所信、所理解的是否真確，如前文所說，很多受了沈重打擊的人，方知道自己真正所信和所依靠的東西是甚麼。我們可以重新檢視這些未經考驗的信念和追求。

婚外情的打擊，是否動搖了我們的自我價值？為甚麼我們會把自我價值建基於別人的認可裏？而不是建基於創造我們的上帝眼中？我們是否相信無論我們是好是壞，無論我們是受歡迎的還是被排斥的，上帝已經無條件地接納我們？婚外情的打擊再一次讓我們接受那慈愛的造物主，重新認定自我價值是由祂賦予的。

另一方面，打擊亦讓我們檢視我們所追求的東西是否真實而永恆。有人把人生訂定的目標放在人世間多變的事情上，結果撲個空，於是便否定人生的意義。追求人世間的東西是自然的，例如我們追求事業上的成就，我們追求友誼，我們追求情愛，但當這一切成為惟一的追求目標，我們會感到這是多麼可怕的現實。成就一夜間變成糞土，朋友可能會離開我們，情愛更是撲溯迷離，有時會叫人承受嚴重的傷害。我並不是說我們要擺脱塵世的追求，進入深山做和尚，而是在這一切追求以外，更加要認定那賜予萬物的創造者，深知一切都是祂的恩典，惟有認識賜予者和祂的永恆，才讓我們覺得在這一切多變的背後，還有永恆的確信。有了這份確信，才可以給我們勇氣面對被人出賣的痛楚。人是多變的，最終的依靠不是人，而是那永遠信實的上帝。

有時人在經歷打擊後尋得信仰，信仰不單給予人安慰，或讓人的希望覓得神祐，讓自己尋獲所失的東西，更是在打擊過後，令人重新檢視自己一向的價值觀和信念，知道自己過往所信的是如斯不可靠，然後再覓那永恆不變的真理。

有了新的信念，理解事物的角度便不同了，以前覺得對方一面倒的錯，今天也體會自己曾經有的自義、自私、倔強、任性，開始承認自己罪性的一面，從而謙卑下來，再由謙卑而產生對對方的體諒。在上帝面前誰可自誇呢？原來自己也是充滿盲點和罪性的人，充滿限制和軟弱，這種內疚，不是令我們自責，而是產生懺悔的情緒，尋求上帝的寬恕。這個歷程讓我們謙卑下來，看清楚自己，接觸自己的幽暗面，更體會自己及別人軟弱人性的一面。

人不能產生饒恕，或多或少都帶幾分自義，認為自己如何神聖，豈料發覺自己也是如此軟弱，便容易生起對人的憐憫。對人產生了憐憫，才認識對方整個人，他的情感氣質、他的軟弱、他的品性等。

有了這份謙卑、有了對別人的同情，便可以選擇是否饒恕。饒恕是一個選擇，[7]決定在我們的手裏，究竟我們容許自己仇恨下去，還是放手？決定被舊有的傷痕所困？還是重新覓得新的心靈自由？

決定饒恕以後，內心有一種釋然和自由的感覺，然後便可以讓自己成為新造的人，把舊有的包袱放下，獲得更大的心靈空間和自由，重新尋找人生方向和委身的目標，讓自己的生命活得更有意義和光彩。

單身生活

由結婚至離婚、再踏上單身的路程，其間蜿蜒曲折，充滿了深刻的體會，充滿了淚水，同時亦可以經歷深刻的恩典。人的轉化往往由痛苦打擊而來，若人不沈溺於仇恨與憤慨中，願意踏上放手之路，又誠實面對自己，從痛苦中我們可以經歷轉化，領受每一個傷痕的屬靈意義，與上帝更接近。

由結婚至單身，最難忍受的感覺莫過於虛空與孤寂。孤單是令人難於承受的，在孤單的感覺裏，我們好像失去了自己，好像失去了與他人的聯繫，有時千方百計也希望用一些活動來充塞多餘的時間，時間成為了生命的負累。

現代人很怕面對孤單，當只有一個人的時候，就不懂怎樣面對自己。看見人家一雙一對時，更會勾起自憐的情緒，自己孤身一人，誰能體會你內心的虛空呢？

能夠學懂由孤單的狀況步入獨處是單身路上重要的里程碑，所謂獨處，是人在靜中認識自己，認識自己最深刻的需要、感覺和衝動[8]。這種認識，可以由自己的成長背景開始做起。透過自己的成長背景了解自己，我們會明白自己為甚麼對某些事情的反應特別大，對甚麼事情偏執，由這些認識中，我可以決定繼續受過去的歷史影響，還是重新為自己揀選新的道路。認識了自己後，才會懂得與自己相處。

孤單的另一個來源是我們認定只可以與某種人產生聯繫，例如只容許自己在愛侶面前才開放自己，把其他人全放在次要的位置上，只作表面之交，這種做法，令我們在失去某些人時便完全陷入孤立的景況中。當我們開放自己時，發覺與每一個人的相遇都可以是寶貴的經驗和深刻的相遇，當每一刻我們都真誠地活著時，每一個與人的相遇都可以成為情感的聯繫。

若可以的話，建立自己的互助社羣也是相當重要的。人始終有羣性的一面，有一羣互助的朋友，有需要時大家互相幫助，在實際生活上可以減輕很大壓力，尤其是在照顧孩子方面。

除此以外，我們還需要培養一些洗滌心靈的活動。香港社會的消遣活動往往令人感到無生命力，不是行街買東西，便是在家看電視，我們缺乏一些能夠洗滌心靈的活動，讓我們從中獲取滋潤，例如與自然接觸、到海邊、行山欣賞自然的一草一木，又例如發展一些藝術興趣，培養自己往深處走，看書、看偉人傳記也是洗滌心靈的活動，從真實的人生經驗裏，與先人接觸，效法他們的生命典範。從這些活動裏，我們體會生命的姿彩和豐富，從而幫助自己建立有意義的人生目標。

當人能夠認定一些有意義的人生目標，他的生命便有了方向，這些目標，可以令人投入和委身，更重要是覺得生命的寶貴。人能夠建立這個目標，是因他可以跳出自我的框框，看到別人的需要，對別人的處境產生了感情，於是便承擔起別人的生命，認定了一個有意義的目標。

再見亦是父母

離異雖然傷痛，但始終離不開自己作為父母的天職，不論誰是誰非，孩子是無辜的，成年人千萬不要把上一代的恩怨情仇，延展至無辜的一代。因婚外情而弄至婚姻破裂的父母，應如何面對孩子和他們的福祉？

1.怎樣向孩子解釋父母的離異

受了婚外情的打擊，很容易令父母想向孩子討回公道，有時在憤怒之際，會向孩子講了很多對方的不是，諸如：「你的爸爸負心，識了別的女人離開了媽媽，他們不是好人。」成年人的傷痛是可以理解的，但向孩子訴說自己的委屈會令小小年紀的孩子生活於成年世界的狹縫中，感到無所適從。

要向孩子解釋，必須用他們理解的言語，盡可能用描述事實的方法，不加插是非判斷的評語，更加要向孩子說這不是他們的錯，爸媽仍然都愛他，他亦可以繼續愛爸媽。例如：「爸媽兩個生活在一起時不快樂，後來爸爸離開了，並不等於不要你，我們經過商量後，決定由媽媽照顧你。雖然爸媽分開，但我們永遠都愛你。爸媽分開並不是你的錯，你在我們心目中永遠是個可愛的孩子……」有時父母會掙扎是否讓孩子接觸第三者，這最好經過雙方協議，然而在稱號方面，爸媽的稱號最好是指自己的親生父母，其他的人可以稱為姨姨、叔叔等。

2.切勿爭取孩子在情緒上的偏幫或要他們作是非對錯的判斷

成年人無意中會把孩子成為傾訴心事的對象。孩子天性善感，很快便感受到大人的痛楚，小小年紀，便要承受沈重的心理壓力，非但令他們失去了天真的童年，更加嚴重的是妨礙了他們的心智成長。

孩子很多時都同時愛爸爸、又愛媽媽，但他們最怕的是愛一方而令另一方傷心，結果惟有左右逢源，見爸爸時說一套，見媽媽時又說另一套，無法真誠地做人。

3.小心別利用孩子成為指責對方的罪證

為了補償孩子的傷害，博取他們的歡心，很多父母便過於溺愛，不敢管教，同時亦會密切留意孩子在對方照顧下出現了甚麼問題。例如他在爸爸照顧下病了，他在媽媽家裏沒有做妥功課，孩子的行為成為父母找尋對方罪證的焦點，再一次成為互相攻擊的環節。

離異以後，父母的合作更為重要，有時孩子出現了問題是非常普通的，即使在整合的家庭也會如此，並不表示對方是個不稱職的父母，重要的是把照顧孩子的困難與對方商討，希望在攜手合作下，孩子亦在爸媽的愛護中健康地成長。

根據很多調查研究顯示，[9]家庭的創傷是會代代相傳的，今日父母把離異的創傷帶給下一代，他們長大成人亦會重蹈父母的覆轍。成年人要把成年人的事情和孩子的事情清楚地分開，雖然未能一生一世為夫婦，但父母的天職卻是永遠的。

在此順道一提，在香港已經發展了離婚調解服務，[10]是協助離異的夫婦用和平理智的方法安排離婚後的事情，尤其是在孩子照顧方面，若然夫婦因種種情緒問題未能冷靜地商討事情，尋找專業的協助是正面和積極的做法，遠比待問題進一步惡化為妙。

註釋

1 參 Hazan C. & Shaver P.R., " Broken Attachments: Relationship Loss from the Perspective of Attachment Theory" in Orbuch(eds) *Close Relationship Loss: Theoretical Approaches*, (N.Y.: Springer-Verlag, 1992) 。

2 參 Bowlby, J., *Attachment & Loss: Vol.2 Separation: Anxiety & Anger*, (N.Y.: Basic Books, 1973) 。

3 參Bowlby, J., *Attachment & Loss: Vol 3 Sadness & Depression*, (N.Y.: Basic Books, 1980) 。

4 參 Weiss, R.S., "Loss & Recovery", *Journal of Social Issues*, 44 (1988), pp.37 ~ 52 。

5 參 Glick, I., Weiss, R.S., & Parkes, C.M., *The First Year of* Bereavement, (N.Y.: Wiley-Interscience, 1974) 。

6 參Walrond-Skinner S. "The Function & Role of Forgiveness in Working with Couples and Families: Clearing the Ground". *Journal of Family Therapy*, 20（1988）, pp.3 ~ 19。

7 參Flanigan, B., *Forgiving the Unforgivable*,（N.Y.: Collin Books, 1992）。

8 參Storr A., *Solitude: A Return to the Self*,（N.Y.: Ballantine Books, 1988）, p.21。

9 參Hodges W.F., *Interventions for Children of Divorce: Custody, Access, and Psychotherapy*,（N.Y.: John Wiley & Sons, 1991）。

10 參 Anita Chan, et-al （ed） *Conflict & Harmony: Casebook on Family Mediation and Couple Counselling*, （H.K.: HKCMAC, 1997）。

第9章

總結

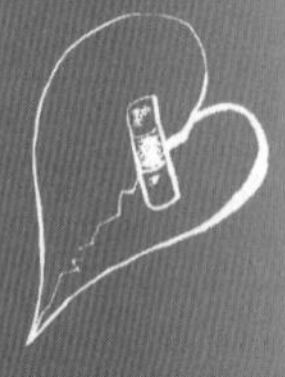

放下功能婚姻觀，發展委身的婚姻觀

在整本書中，我與你共同探討婚外情種種問題，怎樣面對它、怎樣安排善後等，然而婚外情始終是一件令人傷痛的事實，在未發生婚外情之前，我們可以做一些事情來減低它發生的可能性嗎？

現代人結婚，大部分是帶著尋找愛侶的願望，希望在人海中覓得一個愛惜自己，與自己同甘共苦的伴侶，這個願望本身並無不妥，但重要的是，若然婚姻無法令你滿足，婚姻中充滿失望的時候，還有甚麼令你留下？從功能的角度看，一段沒有功能的婚姻已經不復存在的價值，但從委身的角度看，婚姻不單是滿足個人的期望和需要，它還是承擔別人生命、實踐愛的場所。要培養這方面的情操，我們需要建立尊重配偶、愛惜配偶的精神，不懂愛惜別人生命的人，談不上愛，懂得珍惜別人的生命，才能發展委身的精神。有時現代人看婚姻，有傾向把配偶物化的趨勢，他的價值和重要性在乎他能滿足自己的多少願望，從滿足需要的角度衡量婚姻的存留，或許我們要重新檢視自己的婚姻觀，是用功能的角度來看它的價值，還是從委身的角度與配偶建立一段一生一世的關係。

婚姻關係是一段歷程

一段婚姻關係的發展，有如人的成長，分開不同的階段，各階段有其特徵和危機，從組織二人世界開始，至孩子出生、孩子入學、夫婦步入中年，然後孩子長大離家，剩下夫婦重新彼此相對，適應空巢期的變化。這一段漫長的婚姻旅程，夫婦在其中經歷種種心路歷程和關係互動的變化，再加上外在環境的壓力，每一個階段都對夫婦關係構成壓力，尤其是初婚適應、夫婦中年危機及空巢期都是較為脆弱的階段，最容易面對婚外情的挑戰。認識關係的歷程，認識自己的成長變化，有助我們步過這些階段帶來的衝擊，情況有如一列火車走過較為危險的路軌，車長必須認識火車的特性，路軌有可能出現的危機，才能把火車安全駛過。

培養愛的能力

現代人經常以為愛是一種感覺，事實上電視劇集也是這樣教我們：你有沒有掛念對方的感覺？你有沒有浪漫的感受？當失去「Feel」時，愛就不存在了。

其實愛是一種能力，它包含了關懷、責任、尊重和認識，而且是對所愛的人的生命和成長產生積極的關心。[1]愛是一種承擔，那麼能夠承擔別人生命的人，必須有成熟的能力，能夠愛，就要培養自己愛人的能力。現代人經常把焦點放在配偶身上，絞盡腦汁，都希望改變對方來滿足自己的期望，然而很少會問自己有多少愛人的能力，和怎樣培養自己愛人的能力。

愛人的能力有異於啞忍，啞忍是屈就自己，討好別人的情緒。培養愛人的能力要從認識自己開始，誠實面對自己，培養包容與接納別人的情感能力，再學懂從別人的角度看問題，進入別人的世界，才可以真正認識對方。有了認識，便可以回應對方的需要，這種愛人的能力，需要有健康的自我，不斷成長和學習。

培養關係的素質

關係既然是一個成長的旅程，不同階段又要面對不同的挑戰，關係的素質便相當重要；很多婚外情的問題都反映了關係潛藏的問題，例如溝通，期望互不配合，處理衝突不恰當等等。很多夫婦往往把問題束之高閣，認為過去了便把問題解決了，一直不肯正視，又用逃避的方法面對問題，而婚外情就是關係問題到了白熱化的爆炸點。當問題還未惡化到如此地步前，平常要不斷為關係澆水施肥，培養關係的素質，有助夫婦遇到困難時更容易度過。夫婦在生了孩子以後，經常為生活奔波勞碌，缺乏夫婦二人獨處的時間，這是很危險的。有很多夫婦告訴我，他們已經忘記上一次兩夫婦談心是在甚麼時候，長久都為生活奔波，缺乏栽培關係的心力，關係便會枯乾。有些夫婦即使怎樣忙，也刻意騰出二人獨處的時間，讓彼此了解和接觸，好讓愛火可以燃點下去。

另一個培養關係素質的要素是建立健康的自我，有人誤以為有了關係便會失去自我，其實夫婦在婚姻關係中成長，是透過彼此的關懷扶助，發展一個有完整人格和更健康、情感更成熟的自我。這個自我，能為自己的情感和決定負責。夫婦是彼此需要，而不是彼此佔有，由一方依賴另一方（dependant），發展至彼此依賴（inter-dependant）。

及早尋求協助

筆者曾經遇過在不同問題階段的夫婦，我發覺當夫婦在問題還是初階的時候尋求協助，只需要花上數節的時間，便會令關係大大改善過來，因為當事人的憤怒和積怨尚淺，尋求化解問題的心力和動機也很高，彼此亦容易觀察和領受對方的誠意，因此只要談上數次，關係便大有改善。然而有很多夫婦在問題已經發展至極為嚴重的地步，已經忍無可忍的狀況下才尋求協助，便要經歷漫長的輔導歷程，花盡不少心血和努力，才找到一條出路，然而要付上的代價不少。根據一項研究[2]指出，夫妻互動關係具有一種循環與升高的本質，除非夫妻對彼此的互動關係產生反思與內省，否則他們面對彼此的方式，會逐漸形成一種穩定和僵化的模式。換言之，當夫婦互動還未僵化的時候，是最容易改變過來，這裏再次説明及早尋求協助的重要性。

小結

世間的情情愛愛，有時教人肝腸寸斷，有時令人神暈顛倒，親密關係潛藏很多人生的奧祕，婚外情無疑是一項沈重的打擊，但人往往透過打擊發現更多人生的真理，這裏我嘗試從工作經驗中探討婚外情的問題，是一項初步的嘗試，其實還有很多未解之謎。若然問題果真發生了，那麼就盼望我們藉著恩典，在痛苦中經歷上帝的慈愛，在打擊中更與祂接近。

註釋

[1] 參 Erich Fromm, *The Art of Loving*, （U.K.: George Allen & Unwin, 1957）。

[2] 利翠珊，〈夫妻互動歷程之探討：以台北地區年輕夫婦為例的一項初探性研究〉，《本土心理學研究》第 4 期（1995），8 月，頁 260 ～ 321。

作者簡介

黃麗彰，一九八五年畢業於香港中文大學社工系，及後獲香港大學社會科學碩士及英國愛丁堡大學神學碩士，九四至九五年曾往美國深造婚姻及家庭治療；自中大畢業以來，任職多間社會服務機構及大專學院，從事輔導及督導工作，現職柴灣浸信會輔導中心主任。

緊扣時代 服事教會

以文字傳揚基督真道

讀者意見表

衷心多謝你購買本社書籍。本社一直致力以出版事工服事教會，幫助信徒扎根於神的話語，促進靈命增長。為使我們的出版更能滿足你的需要，請填寫下列各項資料，並寄回或傳真予本社。

所購書籍：________________

本書最吸引你的地方：
□作者 □適切性 □文筆 □設計 □實用性
□其他：________________

購買本書地點：
□基道書樓 □基督教書店 □非基督教書店

性別：□男 □女 職業：________________

信仰：□基督徒 □非基督徒

年齡：□ 16 歲或以下 □ 17～25 歲 □ 26～35 歲
□ 36～55 歲 □ 56 歲或以上

學歷：□中三或以下 □中五 □預科
□大學 □研究院

□我欲更多了解基道出版社的事工及考慮支持，請寄給我下列資料：
□機構簡介 □新書資料 □「書中行」書會資料
□《基道文字事工通訊》

姓名：________________ 電話：________________

地址：________________

____

傳真：________________ 電子郵件：________________

其他意見：________________

____

多謝賜教！

意見表可以傳真（2687-0281）或直接郵寄以下地址：
香港沙田火炭坳背灣街26號富騰工業中心1011室
基道出版社編輯部收